Petra Bartoli y Eckert
Ellen Tsalos-Fürter

24 Advents-geschichten für die Kleinsten

Mit großen Illustrationen und Ideen zum Mitmachen

Cornelsen

Lektorat: Liliana Wopkes, Forchheim
Illustrationen: Jutta Wetzel, Siegburg
Umschlaggestaltung und Sternvignetten: Ungermeyer, grafische Angelegenheiten, Berlin
Innenlayout & Technische Umsetzung: krauß-verlagsservice, Niederschönenfeld

www.cornelsen.de

1. Auflage, 1. Druck 2016

Druck: H. Heenemann, Berlin

ISBN 978-3-589-15017-5

PEFC/04-31-1156

PEFC zertifiziert
Dieses Produkt stammt aus nachhaltig bewirtschafteten Wäldern und kontrollierten Quellen.

www.pefc.de

Vorwort ... 4

Didaktische Hinweise ... 5

24 Adventsgeschichten ... 7

1 Lara und Mama schmücken den Kranz ... 8
2 Emil hilft beim Schneeschieben ... 10
3 Mila backt eine Weihnachtsschnecke ... 12
4 Ein Adventsstern für Daniel ... 14
5 Eine Überraschung für Nele ... 16
6 Philip spielt Nikolaus ... 18
7 Auf dem Weihnachtsmarkt ... 20
8 Wo ist Kater Maunz? ... 22
9 Klara bastelt Geschenkpapier ... 24
10 Futter für die Meise ... 26
11 Ein Glöckchen für Karina ... 28
12 Jonas lernt pusten ... 30
13 Sven ist ein Finder ... 32
14 Elena singt ... 34
15 Der selbst gebastelte Weihnachtsschmuck ... 36
16 Mayas Katze besucht die Kinderkrippe ... 38
17 Die Schlittenfahrt und der heiße Kakao ... 40
18 Serap möchte Sterne basteln ... 42
19 Das Weihnachtspaket ... 44
20 Heute ist Ina an der Reihe ... 46
21 Die Wunschzettel ... 48
22 Doreens Atemwölkchen ... 50
23 Der müde Esel ... 52
24 Der Weihnachtsabend ... 54

Anhang ... 56

Vorwort

Sicherlich kann sich jeder Erwachsene an mindestens eine Advents- oder Weihnachtsepisode aus seiner Kindheit erinnern – zu eindrucksvoll ist doch diese Zeit für Kinder: Es treten emotional stark besetzte Figuren auf (der Nikolaus, Knecht Ruprecht, das Christkind ...) und ein besonderer Zauber liegt in der Luft, ein geheimnisvoller Glanz auf dem sonst Wohlbekannten.

In diesen Tagen gewinnen gemeinsame Aktivitäten im Haus an Bedeutung, so auch das Vorlesen. Es fällt leicht, es sich gemütlich zu machen und zu genießen – das Zuhören genauso wie das Vorlesen. Denn Kinder wie Erwachsene profitieren davon. Beim einfühlsamen Vorlesen kann eine innige Beziehung mit dem Kind eingegangen werden. Im Idealfall lassen sich Kind und Erwachsener völlig auf das Geschehen ein, erleben es gemeinsam. Und gemeinsame Erlebnisse verbinden. Sie schaffen eine Vertrautheit, die dazu ermutigt, sich zu öffnen, miteinander zu reden, unbefangen zu fragen, zu antworten und von seinen Gefühlen zu erzählen. Auf diese Weise können wundervolle Momente entstehen, die wiederholt werden wollen – und die in Erinnerung bleiben.

Nehmen Sie sich Zeit für das Vorlesen, um solche Gespräche bzw. solche Momente zu ermöglichen. Dafür können Sie eine Vorleserunde auch bewusst um einige Elemente erweitern. Greifen Sie z. B. nach dem Vorlesen eine bestimmte Handlung aus der Geschichte auf und lassen Sie sie von den Kindern nachspielen; oder sprechen Sie mit Ihren Zuhörern über das gerade Gehörte; knüpfen Sie kleine, weiterführende Aktivitäten an das Vorgelesene an, sodass jede Geschichte auch auf diese Weise nachwirken kann. Für solche Erweiterungen bietet Ihnen der vorliegende Band hilfreiche Ideen und Impulse im Anschluss an jede Adventsgeschichte.

Wir wünschen Ihnen 24 besondere Vorlesemomente.

Ihre

Petra Bartoli y Eckert

und

Ellen Tsalos-Fürter

Didaktische Hinweise

Das Vorlesen stärkt die Beziehung zwischen Vorleser und Zuhörer. Vorlesen wirkt kommunikationsfördernd. Die Kinder werden beim Zuhören ruhiger, ihre Fantasie wird angeregt und ihre Konzentrationsfähigkeit trainiert. Gewinnbringendes Vorlesen benötigt jedoch gute Rahmenbedingungen:

- Nehmen Sie sich Zeit für jede Vorleserunde, um Raum für Fragen und Kommentare zu haben (während des Vorlesens und/oder danach).
- Lesen Sie einem kleinen Kreis vor.
- Körperkontakt verstärkt gerade für Kleinkinder jedes Vorleseerlebnis und bestätigt die Verbindung zwischen Ihnen.
- Wählen Sie einen ruhigen, geschützten Ort zum Vorlesen und sorgen Sie dafür, dass Sie in der Zeit nicht gestört werden.
- Ritualisieren Sie die Vorleserunden, indem Sie sie zu einem festen Teil des Alltags machen und sie mit dem gleichen Lied oder Spruch einleiten. Auf diese Weise helfen Sie den Kindern langfristig, sich auf das folgende Erlebnis einzulassen.
- Lesen Sie geliebte Geschichten oder bekannte Bücher mehrfach vor. Die Kinder „arbeiten" eventuell noch innerlich an dem Thema einer Geschichte und benötigen die Wiederholung.

In jeder der nun folgenden Geschichten finden Sie eingefügte Handlungsanweisungen. Sie sind als Bereicherung gedacht und sollen den Kindern ein Vorleseerlebnis ermöglichen, keinesfalls die Vorleserunde behindern. Beachten Sie bitte deswegen Folgendes:

- Betrachten Sie die Anweisungen als Anregungen für eine spielerische Erweiterung der Vorleserunde. Sie müssen nicht vorgelesen, sondern können auch sinngemäß wiedergegeben werden; oder Sie ermuntern die Kinder während des Vorlesens mit aussagekräftigen Gesten dazu, etwas Bestimmtes zu tun. Oder Sie verzichten ganz auf diese Einschübe.
- Sie sollten mit jeder Geschichte vertraut sein, bevor Sie sie vorlesen. Auf diese Weise können Sie die Handlungsanweisungen flexibler gestalten und einfügen. Außerdem wird es Ihnen so leichter gelingen, das Geschehen beim Vorlesen lebendig werden zu lassen.
- Wenn die Kinder an einer Stelle der Geschichte verweilen wollen, etwa weil sie die Handlungsanweisung besonders anspricht, dann erlauben Sie das. Gerade beim Vorlesen für Kleinkinder ist es nicht entscheidend, dass die Geschichte zu einem schlüssigen Ende kommt. Das, was die Kinder während des Vorlesens erleben, zählt.

Inhalte und Personen der 24 Adventsgeschichten sind inspiriert von dem kindlichen Alltag in der Kita und zu Hause – und somit für die Kinder nachvollziehbar und vertraut. Demnach bietet jede Geschichte Gesprächsanlässe – Gelegenheiten für die Kinder, ihren aktiven Grundwortschatz im Kontext zu verinnerlichen.

Um Ihnen den Einstieg in ein abschließendes Gespräch zu erleichtern, haben wir im Anschluss an jede Geschichte eine kurze gesprächseinleitende Frage eingebaut. An dieser Stelle finden Sie außerdem jeweils eine Idee für eine einfache, leicht umsetzbare Aktivität (aus einem anderen Bildungsbereich) mit Bezug zu dem gerade Gelesenen.

Zu jeder Geschichte gehört zudem eine große, altersgerechte Illustration, die Ihnen ebenfalls als Gesprächsanlass dienen kann. Alle Bilder finden Sie durchnummeriert im Anhang des Buches. Die Nummer einer Illustration entspricht der Nummer der dazugehörenden Geschichte. Im Gespräch können Sie entweder die entsprechende Buchseite zeigen oder das vorab kopierte und laminierte Bild herumreichen.

Die 24 Adventsgeschichten beschreiben Erlebnisse rund um die Weihnachtszeit, also rund um ein wichtiges christliches Fest. Dabei haben wir berücksichtigt, dass Kindern aus verschiedenen Kulturen und mit unterschiedlicher Religionszugehörigkeit vorgelesen wird. Im Mittelpunkt dieses Buches steht nicht das Vermitteln von religiösen Inhalten, sondern die Freude am Geschehen, an der Atmosphäre und an der Umgebung in der Advents- und Weihnachtszeit.

24 Adventsgeschichten

1 Lara und Mama schmücken den Kranz

Heute hat Mama eine Überraschung für Lara. Auf dem Tisch in der Küche liegen Fichtenzweige. Lara deutet auf die Zweige: „Baum“, sagt sie. Mama nickt: „Stimmt, die Zweige sind von einem Baum.“

Kannst du auch nicken, so wie Laras Mama?
Zeig, wie hoch ein Baum ist. Streck dich dabei so hoch wie möglich.

„Mit den Zweigen möchte ich etwas Schönes machen. Hilfst du mir?“, fragt Mama. Natürlich will Lara helfen! Sie klatscht vor Freude in die Hände. Mama klatscht auch und lacht. „Setz dich zu mir an den Tisch. Dann fangen wir an“, sagt sie. Lara hebt ihre Arme. Mama nimmt sie hoch und setzt sie in ihren Kinderstuhl.

Klatsch wie Lara und ihre Mama in die Hände.
Kannst du deine Arme heben?

Mama schiebt die Fichtenzweige zu Lara. „Bald ist Advent. Deshalb brauchen wir einen Adventskranz. Der soll rund wie ein Kreis werden“, sagt sie. Lara malt mit einem Finger einen Kreis in die Luft.

Mach es Lara nach und mal mit deinem Finger einen Kreis in die Luft.

Dann stellt Mama einen Korb auf den Tisch. Lara schaut neugierig hinein. Oh, dort drin sind viele schöne Sachen! Lara greift hinein und holt Zapfen, glänzende Kugeln und ein rotes Band heraus. Die Kugeln kullern über den Tisch. Lara passt auf, dass sie nicht hinunterrollen. „Schön!“, staunt Lara. Und dann holt sie noch eins, zwei, drei, vier Kerzen aus dem Korb.

Was hat Lara aus dem Korb geholt?
Wie viele Kerzen stehen jetzt auf dem Tisch? Kannst du bis vier zählen? Probier es aus!

„Jetzt fangen wir an“, sagt Mama. Sie nimmt einen Kranz aus Stroh. Darauf legt sie die Zweige und bindet sie mit einem Draht fest. Lara sieht ihr erst neugierig zu. Dann ruft sie: „Auch helfen!" Lara schnappt sich einen Fichtenzweig. Aua! Der pikt ja! Lara reibt sich den Finger.

Kannst du auch ganz laut „aua!" rufen?
Zeig mir, wo der Zweig Lara gepikt hat.

Mama streicht Lara über den Kopf. „Oje, die Nadeln sind spitz. Sie stechen, wenn man in die Spitzen greift", sagt sie. Lara schnieft ein bisschen. Dann ist es wieder gut. Mama zupft eine Nadel von einem Zweig. „Schnupper mal", sagt Mama. Sie reibt die Nadel zwischen ihren Fingern und hält sie Lara unter die Nase. Mmh! Riecht gut, findet Lara.

Kannst du auch schnuppern? Wie riecht es hier?

Bald ist der Kranz fertig. Er ist rund und grün. Jetzt kommen noch Zapfen, Kugeln und Kerzen auf den Kranz. Lara darf bestimmen, wo Mama sie festmachen soll. Fertig! So ein schöner Adventskranz. Lara deutet auf die Kerzen. „Anmachen", sagt sie. Mama schüttelt den Kopf. „Erst morgen. Dann ist der erste Advent. Du musst noch einmal schlafen", sagt Mama.

Kannst du zeigen, wie viel einmal ist?
Streck dazu einen Daumen nach oben.

Einmal ist gar nicht so viel, findet Lara. Dann tippt sie an den Kranz. Aber nur ganz vorsichtig, damit die Nadeln sie nicht noch einmal piken.

Gesprächsimpuls und weiterführende Idee

Lara findet, dass Fichtennadeln gut riechen. Was riecht noch gut?

Mit Nadelzweigen malen

Stellen Sie den Kindern ein ungewöhnliches Malwerkzeug zur Verfügung: Mit weichen, nicht stechenden Nadelzweigen können sie z. B. verdünnte Fingerfarben aufnehmen und sie auf Papier auftragen. Die aufgemalten Muster bekommen mit diesem besonderen „Pinsel" eine ganz außergewöhnliche Struktur.

2 Emil hilft beim Schneeschieben

Emil sitzt in seinem Zimmer auf dem Boden. Er spielt mit seinem Bagger. Mit der Baggerschaufel schiebt er bunte Bausteine über den Boden. Dabei macht er laut „brumm, brumm!"

Kannst du das Geräusch von einem Bagger nachmachen?

Da kommt Papa ins Zimmer. Er setzt sich zu Emil auf den Boden. „Darf ich mitspielen?", fragt er. Emil nickt. Papa nimmt drei Bausteine. Die stellt er übereinander. Jetzt ist es ein Turm.

Kannst du mit deinen Fingern „drei" zeigen?
Tu so, als würdest du einen Turm bauen.

Emil schiebt seinen Bagger zu Papas Bausteinturm. Er lässt die Baggerschaufel dagegen fahren. Es klackert. Dann macht es „krabumm!" Schwupps, schon ist der Turm umgefallen. Emil und Papa kichern. Dann lachen sie ganz laut.

Kichre einmal! Kannst du auch ganz laut lachen?

Plötzlich springt Papa auf und geht zum Fenster. „Emil, schau mal. Es schneit!", ruft er. Emil läuft schnell zu Papa. „Ich will sehen", sagt er und hüpft auf und ab.

Steh auf und hüpf auf und ab.

Papa hebt Emil hoch. Gemeinsam schauen sie aus dem Fenster. Dicke, weiße Flocken fallen vom Himmel. Emil lauscht. Er kann nichts hören. Wenn es regnet, dann klopfen die Regentropfen ans Fenster. Aber die Schneeflocken sind ganz leise.

Sei ganz still und lausch. Was kannst du hören? Wie fallen die Schneeflocken auf die Erde?
Tipp mit deinen Fingern zart und lautlos auf den Boden.

„Rausgehen!", ruft Emil. Und Emils Bagger muss mit! Papa lacht. Schnell flitzen die beiden in den Flur. Dort hilft Papa Emil beim Anziehen. Erst die Jacke. Dann die Stiefel. Die Mütze kann sich Emil schon ganz allein aufsetzen.

Tu so, als würdest du dich anziehen: erst die Jacke, dann die Stiefel und am Schluss setzt du eine Mütze auf den Kopf.

Als Papa auch angezogen ist, gehen sie nach draußen. Vor dem Haus liegt schon ganz viel Schnee. Emil steigt mit seinen Stiefeln hinein. Er spitzt die Ohren. Seine Schritte knirschen und knistern. Papa kommt zu Emil und macht mit. Mit ihren Schritten machen sie Schneemusik.

Geh durch den Raum. Wie klingt das? Und wie kling es, wenn du schleichst, hüpfst oder stampfst?

Dann stapft Papa zum Gartenhäuschen. Er holt eine große Schaufel. Damit schiebt er den Schnee vor der Haustür weg. Emil hat eine Idee. Er stellt seinen Bagger auf den Boden. Mit der Baggerschaufel räumt er Schnee beiseite. Immer wenn die Schaufel in den Schnee fährt, knirscht und knistert es.

Du kannst das Knistern nachmachen, wenn du deine Hände aneinanderreibst.

Papa lacht. „So sind wir bestimmt ganz schnell mit dem Schneeräumen fertig", sagt er. Emil grinst. Er ist Papa eine große Hilfe!

Gesprächsimpuls und weiterführende Idee

Womit hilft Emil Papa beim Schneeschieben?

Bunter Schnee

Färben Sie mit den Kindern Schnee bunt ein. Füllen Sie dafür eine Gießkanne mit Wasser und geben Sie einige Tropfen Lebensmittelfarbe dazu; oder befüllen Sie mehrere Gießkannen mit Wasser in verschiedenen Farben. Mit dem gefärbten Wasser können die Kinder Muster in den weißen Schnee tropfen und spritzen. Besonders bunt und lustig wird es, wenn sich verschiedenfarbige Muster überschneiden.

3 Mila backt eine Weihnachtsschnecke

Heute ist Mila bei Oma zu Besuch. Die beiden haben etwas vor. Oma hat dafür in der Küche schon alles vorbereitet. Neben dem Herd stehen Schüsseln. Mila zählt sie: „eins, zwei, drei".

Kannst du auch zählen? Probier es einmal.

Jetzt holt Oma zwei Tüten aus dem Schrank: „Mehl und Zucker. Das brauchen wir zum Plätzchenbacken", sagt Oma. „Kannst du die Butter aus dem Kühlschrank nehmen?", fragt sie. Natürlich kann Mila das! Sie öffnet die Kühlschranktür und zieht die Butterdose heraus. „Jetzt geht es los", sagt Oma und reibt sich die Hände.

Möchtest du einmal deine Hände aneinanderreiben? Merkst du, wie sie warm werden?

Oma schiebt einen Stuhl für Mila zur Anrichte. Mila muss auf dem Stuhl stehen, damit sie richtig mithelfen kann. Zuerst stellt Oma eine Schüssel auf die Küchenwaage. Sie schüttelt etwas Mehl aus der Tüte in die Schüssel. Eine feine weiße Wolke fliegt durch die Luft. Mila muss ein bisschen husten.

Huste auch du. Kannst du das leise und laut?

Dann darf Mila beim Wiegen von Zucker und Butter helfen. Oma holt ein großes Brett. Darauf schüttet sie alle Zutaten übereinander. Das sieht aus wie ein weißer, kleiner Berg. Ruckzuck hat Oma aus Mehl, Zucker und Butter einen Teig geknetet.

Kannst du kneten? Schließ jede Hand zu einer Faust. Dann öffnest du sie leicht und schließt sie wieder. Probier es aus.

Und nun rollt Oma den Teig aus. Dafür hat sie eine große Teigrolle. Mila darf beim Ausrollen helfen. Den einen Griff nimmt Oma. Den anderen Griff hält Mila fest. Dann rollen sie über den Teig: vor und zurück, vor und zurück.

Tu so, als würdest du Teig ausrollen. Leg deine Hände auf den Boden. Dann schiebst du sie vor und ziehst sie zurück, vor und zurück.

Jetzt liegt der Teig flach wie ein Pfannkuchen auf dem Brett. Oma öffnet eine Schublade. Mila hört, wie es leise klimpert. Oma holt viele Plätzchenformen heraus. Mila staunt. Die Ausstechförmchen sehen aus wie Sterne und Tannenbäume. Sogar ein Mond ist dabei.

Möchtest du einen Stern, einen Tannenbaum und einen Mond in die Luft malen?

Mila drückt alle Förmchen nacheinander in die Teigplatte. Die ausgestochenen Plätzchen legt Oma auf ein Backblech. Bald ist nur noch ein ganz kleiner Teigrest da. „Was machen wir damit?", überlegt Oma. Mila nimmt den Teig in ihre Hände und rollt ihn hin und her.

Mach es Mila nach: Leg deine Handflächen aneinander. Dann schiebst du sie hin und her.

Aus dem Teig ist eine lange Wurst geworden. Mila rollt die Wurst zusammen und legt sie auf das Brett. Dann staunt sie. „Eine Schnecke!", ruft sie begeistert. „Genau, eine Weihnachtsschnecke", lacht Oma. Dann darf Mila ihre Weihnachtsschnecke zu den anderen Plätzchen auf das Backblech legen. „Sobald sie fertig gebacken ist, darfst du sie essen", verspricht Oma. Mila freut sich schon!

Gesprächsimpuls und weiterführende Idee

Weißt du noch, welche Formen Milas Plätzchen haben?

Einfache Plätzchen ohne Ei

Verkneten Sie 250 g Mehl, 125 g Zucker, 125 g Butter und 1TL Backpulver mit zwei EL Apfelmus (als Ei-Ersatz). Stellen Sie den Teig 30 Minuten kalt. Dann rollen Sie ihn aus. Die Kinder können nun beim Ausstechen der circa 50 Plätzchen helfen. Backen Sie sie bei 180°C etwa zwölf Minuten.

4 Ein Adventsstern für Daniel

Draußen ist es dunkel. Für Daniel ist es längst Zeit, ins Bett zu gehen. „Ich bin nicht müde!", ruft Daniel. „Aber du musst schon die ganze Zeit gähnen", lacht Mama.

Kannst du gähnen? Versuch es mal.

Daniel schüttelt den Kopf. Er muss doch noch so vieles machen! Er will noch einmal das Lied von den Kerzen mit Mama singen. Na gut. Mama singt. Und Daniel klatscht dazu in die Hände.

Klatsch auch du in die Hände.

„Noch mal Kerze auspusten", bettelt Daniel danach. Mama zündet die Kerze am Adventskranz an. Jetzt darf Daniel die Flamme ausblasen. Er holt kräftig Luft und pustet ganz stark.

Kannst du das auch? Hol tief Luft. Und dann bläst du kräftig.

Nachdem die Kerze aus ist, sagt Mama: „Komm, jetzt gehst du aber ins Bett". Daniel trottet hinter Mama in sein Kinderzimmer.

Mama hebt Daniel ins Bett. Sie deckt ihn zu und gibt ihm einen Kuss auf die Nase. Dann knipst sie das Licht aus. „Schlaf gut, mein Sternchen", flüstert sie und geht aus dem Zimmer. Daniel macht die Augen zu. Dann macht er sie wieder auf. Er probiert es noch einmal: Augen zu. Wieder auf. Immer, wenn Daniel die Augen aufmacht, sieht es in seinem Zimmer komisch aus. Daniel mag es nicht, wenn es so dunkel ist.

Mach es wie Daniel: Mach deine Augen zu. Dann wieder auf, zu und wieder auf.

„Mama!", ruft Daniel laut. Er ruft noch mal und noch mal. Endlich kommt Mama ins Zimmer. Sie knipst das Licht an und setzt sich zu Daniel ans Bett. „Zu dunkel", sagt Daniel und kuschelt sich an Mama. „Was machen wir denn da?", überlegt Mama. Dabei streichelt sie Daniel sanft über den Arm.

Streichle auch du deinen Arm. Und dann streichelst du ein anderes Kind ganz vorsichtig.

„Schau, es ist nicht ganz dunkel", meint Mama. Sie hebt Daniel aus dem Bett und geht mit ihm ans Fenster. Mama macht es auf. Kalte Luft weht ins Zimmer. Daniel drückt sich fest an Mama. „Sieh doch mal zum Himmel hoch. Dort leuchten viele Sterne." Daniel schaut nach oben.

Schau auch nach oben. Was siehst du da?

Stimmt! Die Sterne sind wie helle Punkte. Das findet Daniel schön. „Magst du deinen eigenen Stern haben?", fragt Mama. Daniel nickt. Mama macht das Fenster wieder zu und flüstert: „Warte mal. Ich bin gleich wieder da." Schnell schlüpft Daniel zurück in sein warmes Bett. Als Mama wiederkommt, hält sie etwas hinter ihrem Rücken versteckt. Langsam streckt sie ihre Hand aus und zeigt Daniel, was sie mitgebracht hat. „Ein Stern!", freut sich Daniel.

Kannst du einen Stern in die Luft malen?

„Der leuchtet im Dunkeln", sagt Mama. Sie klebt den Stern an die Wand neben Daniels Bett. Dann knipst sie das Licht aus. Daniel staunt. Der Stern leuchtet wirklich. Jetzt ist es gar nicht mehr so dunkel in seinem Zimmer. „Schlaf gut, mein Sternchen. Dein eigener Adventsstern leuchtet heute Nacht für dich", flüstert Mama. Kurz danach ist Daniel eingeschlafen.

Gesprächsimpuls und weiterführende Idee

Was möchte Daniel noch machen, bevor er ins Bett geht?

Warum kann Daniel nicht einschlafen?

Ein leuchtender Sternenhimmel

Schneiden Sie aus selbstklebender, fluoreszierender Folie viele Sterne in unterschiedlichen Größen und Formen aus. Kleben Sie sie auf ein blaues Bettlaken oder auf ein großes blaues Stoffstück. Fertig ist der „Sternenhimmel" – z. B. für die Kuschelecke.

5 Eine Überraschung für Nele

Hurra, heute kommen Oma und Opa zu Besuch! Sie wollen mit Nele und Mama Tee trinken und Plätzchen essen. Mama sagt dazu: „Wir trinken Adventstee." Nele hilft Mama beim Vorbereiten. Vorsichtig trägt sie zwei Tassen zum Tisch. Dann trägt sie zwei Teller. Nele schiebt einen Teller an jeden Platz.

Tu so, als würdest du Teller hin und her schieben.
Leg dafür deine Hände flach auf den Boden und schieb sie hin und her.

Endlich klingelt es. Nele läuft in den Flur und öffnet die Tür. „Hallo, meine Große", sagt Opa zur Begrüßung. Er hebt Nele hoch und wirbelt sie durch die Luft. Wie das in Neles Bauch kitzelt!

Wo ist dein Bauch? Reib mit einer Hand darüber.

Hinter Opa steht Oma. Sie lacht. Nachdem Opa Nele wieder abgesetzt hat, gehen alle zusammen in die Küche. Dort hat Mama schon eine große Schale mit Plätzchen auf den Tisch gestellt. „Wie das duftet!", freut sich Oma. Nele schnuppert. Stimmt, die Plätzchen riechen so gut! Nach Zimt und Kakao.

Schnupper auch du. Wonach riecht es hier?

Oma, Opa, Mama und Nele setzen sich an den Tisch. Mama gießt Tee in alle Tassen ein. Er ist noch so heiß, dass es aus den Tassen dampft. Auch aus Neles Tasse dampft es. Sie wedelt mit der Hand darüber. Der Dampf zieht wie eine Wolke über den Tisch.

Wedel mit deiner Hand hin und her.

„Ich hab dir etwas mitgebracht", sagt Oma. Sie greift in ihre Handtasche. Was Oma wohl herausholen wird? Nele rutscht aufgeregt auf ihrem Stuhl herum. Vielleicht eine Tüte mit Gummibärchen? Oder ein kleines Buch? Nele schaut neugierig zu Oma. Endlich zieht Oma eine kleine Schachtel heraus. Die stellt sie neben Neles Teller auf den Tisch. Nele klopft auf die Schachtel. Was da wohl drin ist?

Kannst du auch klopfen? Dann klopf mit einer Hand auf den Boden.

Vorsichtig hebt Nele den Deckel hoch und schielt in die Schachtel. Sie kann ein seltsames Ding erkennen. Nele greift in die Schachtel und holt es heraus. Das Ding ist oben rund und unten flach. Und innen ist ein kleiner Tannenbaum. Und Wasser ist auch drin. Nele stellt das Ding auf den Tisch. „Was ist das?", fragt sie. „Eine Schneekugel", erklärt Opa. „Du musst sie schütteln."

Kannst du so tun, als würdest du etwas schütteln, was du in der Hand hältst? Und jetzt hältst du deine Hände hoch und schüttelst sie ein paarmal.

Nele nimmt die Schneekugel hoch und schüttelt sie kräftig. Plötzlich fängt es in der Kugel an zu schneien. Lauter weiße Flocken wirbeln schnell umher. Dann werden sie immer langsamer. Sie legen sich auf den Tannenbaum und auf den Boden der Schneekugel. Das ist schön! Nele hat ganz große Augen vor Staunen.

Mach auch einmal ganz große Augen.

„Die hat mir der Weihnachtsmann gebracht, als ich noch ein kleines Mädchen war", sagt Oma. „Jetzt gehört sie dir, wenn du sie haben magst." Natürlich mag Nele! Oma, Opa und Mama trinken einen Schluck Tee. Aber dafür hat Nele jetzt keine Zeit. Sie muss ihre neue Schneekugel immer wieder schütteln. Und dann genau beobachten, wie der Schnee hinter dem Glas herumwirbelt. So ein schönes Adventsgeschenk, findet Nele!

Gesprächsimpuls und weiterführende Idee

Was haben Oma und Opa Nele mitgebracht?

Eine Schneekugel basteln

Kleben Sie mit Heißkleber eine weihnachtliche Figur, z. B. einen Weihnachtsbaum, mittig auf die Innenseite eines Marmeladenglasdeckels. Geben Sie dann etwas Glitter in das dazugehörende Marmeladenglas und füllen Sie dieses ca. drei viertel voll mit Wasser. Bestreichen Sie das Gewinde des Glases mit Heißkleber und schrauben Sie den Deckel mit der aufgeklebten Weihnachtsfigur darauf. Sobald der Kleber fest ist, darf die Schneekugel benutzt werden.

6 Philip spielt Nikolaus

Gestern hatte Philip Besuch. In der Kita war ein Mann, den Philip nicht kannte. Er trug einen roten Mantel. Auf dem Kopf hatte er einen roten spitzen Hut. Das war der Nikolaus. Er hatte einen goldenen Stab dabei. Und einen großen Sack. Erst hatte Philip ein bisschen Angst vor dem Mann. Darum hat er sich schnell die Augen zugehalten.

Kannst du deine Augen auch zuhalten?

Aber der Mann war sehr nett. Er hatte für jedes Kind in Philips Gruppe ein kleines Geschenk in seinem Sack. Darüber hat sich Philip gefreut!

Hast du dich schon einmal gefreut? Welches Gesicht machst du, wenn du dich freust? Zeigst du es mir?

Heute will Philip der Nikolaus sein. In seinem Kinderzimmer setzt er alle Kuscheltiere nebeneinander auf den Boden. Teddy sitzt neben dem kleinen Löwen. Und Philips Schmusekatze steht neben dem Affen.

Hast du ein Kuscheltier zu Hause? Was für eines? Hat es einen Namen?

Dann läuft Philip in den Flur zur Garderobe. Dort schnappt er sich seine rote Bommelmütze. Die setzt er auf den Kopf. Danach zieht er Mamas rote Regenjacke vom Haken herunter und schlüpft hinein. Aus dem Schrank holt Philip noch den Besen. Der wird sein Bischofsstab. Mamas Einkaufstasche nimmt er auch mit. Die ist sein Nikolaussack. Philip trägt alles in sein Zimmer. Uff, ganz schön schwer, findet Philip.

Kannst du „uff“ sagen?

Jetzt muss Philip noch seinen Nikolaussack füllen. Als Nikolaus möchte er schließlich Geschenke verteilen. Philip überlegt. Dann legt er einen Baustein, ein kleines Buch, ein Puzzleteil und eine Socke hinein. Damit kann er prima Nikolaus spielen. Philip klatscht in die Hände.

Klatsch ein paarmal wie Philip in die Hände.

„Ich bin Nikolaus", sagt Philip zu seinen Kuscheltieren. Er klopft mit dem Besenstiel auf den Boden. Dann lehnt er den Besen an die Wand. Den Nikolaussack stellt Philip vor seine Füße. Waren alle Kuscheltiere brav? Natürlich! Darum soll jedes Kuscheltier von Philip, dem Nikolaus, ein Geschenk bekommen. Philip wühlt in dem Sack. Er sucht für jeden ein passendes Geschenk. Er schiebt die Dinge hin und her.

Leg deine Hände auf den Boden und schieb sie hin und her.

Vor Teddy legt Philip das Puzzleteil. Der kleine Löwe bekommt den Baustein. Das kleine Buch ist für Philips Schmusekatze. Und der Stoffaffe bekommt die Socke. Nun hat jeder ein Geschenk vom Nikolaus. Philip nickt zufrieden.

Möchtest du einmal nicken?

Jetzt will Philip nicht mehr Nikolaus sein. Er nimmt seine Mütze vom Kopf und zieht Mamas Regenjacke aus. Plötzlich fällt ihm etwas ein. Schnell läuft Philip zu Papa. Auf dem Küchentisch steht die kleine Tüte vom Nikolaus. „Magst du dir etwas rausnehmen?", fragt Papa. Genau das will Philip. Er greift hinein und nimmt sich einen Keks. „Lass ihn dir schmecken", sagt Papa und lächelt. Philip kaut und grinst.

Gesprächsimpuls und weiterführende Idee

Weißt du noch, welche Kuscheltiere Philip, der Nikolaus, beschenkt hat?

Ins Nikolaussäcken greifen

Stecken Sie in einen Stoffbeutel oder in ein Jutesäckchen verschiedene Dinge, die zum Advent passen: einen Zapfen, eine Kerze, einen Stern (als Plätzchenform z. B.) etc. Die Kinder greifen nacheinander „blind" in das Säckchen, tasten und nehmen einen Gegenstand in die Hand. Nun versuchen sie zu erraten, was sie sich ertastet haben. Dann ziehen sie ihre Hand heraus und überprüfen, ob sie richtig geraten haben.

7 Auf dem Weihnachtsmarkt

So viele Menschen! Charlotte ist heute mit Papa auf dem Weihnachtsmarkt. „Dort gibt es so viel zu sehen“, hatte Papa gesagt. Aber Charlotte sieht nicht viel. Sie sieht nur Beine. Weil so viele Leute hier auf dem Weihnachtsmarkt herumgehen! Ärgerlich stampft Charlotte auf.

Kannst du auch aufstampfen? Tritt mit jedem Fuß einmal laut auf!

Endlich bemerkt Papa, was los ist. Er hebt Charlotte hoch. Dann setzt er sie auf seine Schultern. Jetzt ist Charlotte größer als Papa. Sie ist hier auf dem Weihnachtsmarkt bestimmt die Allergrößte! Charlotte legt eine Hand wie ein Schild über ihre Augen und schaut sich um.

Mach es Charlotte nach: Leg eine Hand über deine Augen und dreh den Kopf hin und her. Was siehst du?

„Sieh mal, dort drüben“, sagt Papa. Er deutet auf den riesigen Weihnachtsbaum. Viele helle Kerzen leuchten in seinen Ästen. Begeistert klopft Charlotte mit ihren Handschuh-Händen auf Papas Kopf. Papa lacht. Plötzlich hat Charlotte noch etwas entdeckt. „Da!“, ruft sie und wedelt mit den Händen vor Papas Augen.

Versuch auch einmal, mit deinen Händen zu wedeln. Das funktioniert so ähnlich wie beim Winken.

Papa dreht sich einmal rundherum. Er sieht nicht, was Charlotte ihm zeigen will. Charlotte beugt ihren Kopf zu Papas Ohr. Sie zieht seine Mütze ein bisschen nach oben. „Ein Esel!“, flüstert sie dann in sein Ohr. Papa schüttelt den Kopf. „Auf dem Weihnachtsmarkt gibt es doch keine Esel“, lacht er.

Kannst du auch flüstern? Flüster jemandem etwas ins Ohr.

Aber Charlotte lässt nicht locker. Sie zeigt Papa mit der Hand, in welche Richtung er gehen soll. Na gut. Papa schiebt sich mit Charlotte auf den Schultern zwischen den vielen Menschen hindurch. Neben der Kerzen-Bude ruft Charlotte: „Halt!“

Ruf einmal ganz laut: „Halt!“

Papa bleibt stehen. Vor ihnen ist ein Häuschen aus Holz. Es hat keine Tür. Auf dem Boden liegen Stroh und Heu. Tatsächlich! Mittendrin steht ein Esel. Und neben dem Esel liegen zwei Schafe im Stroh. Charlotte will nicht länger auf Papas Schultern sitzen. Darum hebt Papa sie herunter. „Das ist eine Lebende Krippe. Mit echten Tieren!“, staunt Papa. Charlotte streckt ihre Hand nach einem Schaf aus. Sie streicht ganz vorsichtig über das Fell. Oh, wie weich es sich anfühlt!

Streich ein paarmal über deinen Pulloverärmel. Fühlt der sich auch weich an?

Charlotte und Papa bleiben lange vor der Lebenden Krippe stehen. Jetzt findet Charlotte den Weihnachtsmarkt auch schön! Ein letztes Mal streichelt sie das Schaf. Dann will sie wieder auf Papas Schultern sitzen. Von hier oben hat sie eine prima Aussicht. So entdeckt sie ein Karussell. Und eine Bude mit Lebkuchen. Charlotte schnuppert. Wie gut das riecht!

Möchtest du auch einmal schnuppern?

Charlotte weiß genau, was sie jetzt machen will:
Zuerst Karussell fahren. Und dann einen Lebkuchen naschen!

Gesprächsimpuls und weiterführende Idee

Weißt du noch, welche Tiere Charlotte in der Lebenden Krippe auf dem Weihnachtsmarkt entdeckt?

So riecht der Advent

Laden Sie die Kinder zu einem kleinen Schnupperspiel ein: Geben Sie in je ein Schälchen etwas Orangensaft, einige gemahlene (oder zerdrückte) Walnusskerne, ein paar Tannennadeln und etwas gemahlenen Zimt. Reihen Sie die Schälchen auf und legen Sie eine Orange, einen Tannenzweig, eine Walnuss und eine Zimtstange davor. Nun sollen die Kinder schnuppern, schauen und herausfinden, was zusammengehört.

8 Wo ist Kater Maunz?

„Kerzen anmachen!", ruft Simon. Er sitzt im Wohnzimmer neben dem Adventskranz. Aber Papa meint: „Wir warten auf Mama. Wenn sie zu Hause ist, zünden wir die Kerzen an."
Simon stampft ärgerlich mit dem Fuß auf.

Kannst du auch kräftig aufstampfen?

Da hat Papa eine Idee. „Wie wäre es, wenn wir in der Zwischenzeit einen Spaziergang machen?" Simon schaut aus dem Fenster. Es hat geschneit. Simon will gerne mit Papa rausgehen. Darum läuft er schnell in den Flur und schlüpft in seine Jacke. Kater Maunz will auch mit. Er klopft schon leise mit seinen Pfoten gegen die Wohnungstür.

Klopf mit deinen Fingern leise auf den Boden, so wie Kater Maunz es macht.

Papa und Simon ziehen ihre Stiefel an. Dann gehen sie nach draußen. Kater Maunz läuft hinterher. „Wir gehen zum kleinen Wäldchen", schlägt Papa vor. Simon kennt den Weg. Er stapft voran. Simon sieht über seine Schulter. Papa geht direkt hinter ihm. Kater Maunz steht aber immer noch vor der Haustür. Er will nicht, dass seine Pfoten vom Schnee nass werden. „Komm!", ruft Simon. „Miau!", antwortet Kater Maunz.

Kannst du auch miauen wie Kater Maunz?

Endlich macht sich Maunz auf den Weg. Er stapft vorsichtig durch den Schnee. Zuerst an Papa vorbei. Dann geht er neben Simon her. Kaum sind sie beim Wäldchen angekommen, stürmt Maunz davon. Seine Pfoten hinterlassen kleine Spuren im Schnee. Und dann ist Maunz hinter den Bäumen verschwunden. Simon sieht dem Kater nach. Oje! Wo steckt er nur? „Hallo!", ruft Simon laut. „Wir müssen nur den Spuren folgen. Dann wissen wir, wo Maunz hingelaufen ist", tröstet Papa. Er deutet auf die Spuren im Schnee. Simon folgt den Pfotenabdrücken. Sie führen im Zickzack zwischen den Bäumen.

Mal mit deinen Fingern ein Zickzackmuster auf den Boden.

Plötzlich bleibt Simon stehen. Er kann keine Spuren mehr entdecken. „Weg!“, ruft Simon. „Tatsächlich“, staunt Papa. Wo ist Maunz? Simon sieht sich aufmerksam um. Maunz ist verschwunden. Plötzlich hören sie ein leises „Miau!“ Simon schaut hoch.

Schau auch nach oben. Was siehst du?

„Da oben!“, ruft Simon aufgeregt. Der Kater sitzt hoch oben in einem Baum. „Er traut sich nicht herunterzukommen“, sagt Papa. „Runterkommen!“, ruft Simon. „Na los, Maunz. Komm her“, lockt Papa. Simon winkt Maunz zu. Dann versuchen beide den Kater mit freundlichen Stimmen herbeizulocken.

Kannst du so wie Simon winken?

Endlich macht der Kater einen Satz. Und hopps, schon ist er im Schnee gelandet. Simon freut sich. Er lacht und streichelt seinen Kater.

Tu so, als würdest du eine Katze streicheln.

Gut, dass Maunz wieder auf dem Boden ist! Jetzt will Simon aber nach Hause gehen. Dort wartet bestimmt schon Mama auf sie. Und dann zünden sie endlich die Kerzen am Adventskranz an. „Kommt“, sagt Simon. Er geht los und winkt Papa und Maunz zu, ihm zu folgen.

Gesprächsimpuls und weiterführende Idee

Weißt du noch, wie Simons Kater heißt?

Spuren hinterlassen

Im Schnee kann man nicht nur mit den Füßen Spuren hinterlassen. Sammeln Sie mit den Kindern Materialien mit klaren Profilen, (Nussschalen, Nadelholzzweige, Zapfen etc.) und drücken Sie sie in den Schnee. Wenn kein Schnee liegt, können auch in einer mit Sand gefüllten Schale Abdrücke gemacht werden.

9 Klara bastelt Geschenkpapier

„Was tust du da?", will Klara wissen. Sie sitzt auf der Bank in der Küche. Auf dem Tisch steht eine Packung Tee. Daneben liegt buntes Papier. „Ich packe ein Geschenk ein", sagt Mama. „Warum?", will Klara wissen. „Weil bald Weihnachten ist. Das Geschenk ist für Tante Luise." Klara kratzt sich am Kopf.

Kannst du dich auch am Kopf kratzen? Und an den Armen, am Bauch oder an den Beinen?

„Aber Geschenke bringt das Christkind", sagt Klara. Mama nickt. „Stimmt. Ich helfe dieses Jahr dem Christkind dabei. Dann hat es nicht so viel Arbeit. Deshalb will ich das Geschenk in schönes Weihnachtspapier einwickeln." Mama nimmt die Schere und schneidet ein Stück von dem bunten Papier ab.

Tu mit deinen Fingern so, als wären sie eine Schere und du würdest damit schneiden.

Mama wickelt das Papier um die Teeschachtel herum. „Oh nein! Das Papier ist zu klein", stöhnt Mama. Auch das andere Stück reicht nicht um die Schachtel herum. „Mehr Geschenkpapier habe ich nicht. Was machen wir jetzt?", fragt Mama und sieht Klara an. Klara überlegt. Dabei reibt sie über ihre Nase.

Kannst du auch über deine Nase reiben?

Plötzlich springt Klara auf. Sie ruft: „Selber machen!", und flitzt in ihr Zimmer. Von dort holt sie ihre Fingerfarben und Papier. „Eine gute Idee", lacht Mama. „Ich weiß auch schon, wie das Geschenkpapier besonders schön wird." Mama holt die alte Teigrolle aus der Küchenschublade. Dann sucht sie das Klebeband und ein Stück Karton. Alles legt sie auf den Tisch.

Was hat Mama geholt, damit Klara und sie Geschenkpapier machen können?

Mama schneidet viele Sterne aus dem Karton. Klara hilft dabei, die Sterne rundherum auf die Teigrolle zu kleben. Dann tupft sie auf jeden Stern etwas Fingerfarbe und verstreicht sie.

Tupf mit deinem Finger auf den Boden.

„Los gehts!“, sagt Mama. Sie breitet das Papier auf dem Tisch aus. Klara legt die Teigrolle darauf. Mama hält den einen Griff, Klara den anderen. Dann lassen sie die Teigrolle über das Papier rollen. „Ui!“, staunt Klara. Auf dem Blatt sind plötzlich viele bunte Sterne.

Kannst du mit deinen Fingern Sterne in die Luft malen?

„Schön!“, freut sich Klara. Mama lacht. „Ja, das haben wir fein gemacht. Wenn die Farben auf dem Papier getrocknet sind, können wir Tante Luises Geschenk einpacken.“ Mama schiebt alles auf dem Tisch etwas zur Seite.

Kannst du so tun, als würdest du auf dem Boden etwas zur Seite schieben?

„Jetzt gibt es eine Belohnung“, sagt Mama. Sie steht auf und geht zum Küchenschrank. Von dort holt sie eine Blechdose. Klara rutscht mit ihrem Po hin und her. Sie freut sich, denn sie weiß genau, was in der Dose ist!

Rutsch auch mit deinem Po hin und her.

„Plätzchen!“, jubelt Klara. Mama nimmt den Deckel von der Dose. Klara greift hinein. Natürlich nimmt sie sich einen Stern. Der gefällt ihr am besten. Er sieht aus, wie ein Stern von dem selbst gemachten Weihnachtsgeschenkpapier.

Gesprächsimpuls und weiterführende Idee

Warum will Mama ein Geschenk für Tante Luise verpacken?

Geschenkpapier selbst machen

Kleben Sie mit den Kindern Sterne, Tannenbäume oder andere Formen aus Karton bzw. Moosgummi mit doppelseitigem Klebeband rundherum auf eine alte Teigrolle. Die aufgeklebten Formen bemalen die Kinder mit Fingerfarben. Nun kann die Teigrolle über einen Bogen Papier gerollt werden.

10 Futter für die Meise

Tim kommt mit Papa vom Spaziergang. Jetzt freut er sich auf das warme Haus. Und auf das Essen. Tim hat Hunger. Sein Bauch fühlt sich ganz leer an.

Wo ist dein Bauch? Reib mit einer Hand darüber.

An der Haustür muss Papa nach dem Schlüssel suchen. Er wühlt in seiner Jackentasche. Tim hört es klimpern. Papa zieht den Schlüssel heraus und sperrt die Tür auf. Plötzlich hört Tim noch etwas anderes. „Piep“, ruft eine leise Stimme. Tim sieht sich um.

Schau dich auch um. Blick über die eine Schulter, dann über die andere.

Da! Dort oben im Baum sitzt ein kleiner Vogel. Tim zieht Papa am Ärmel. „Schau!“, ruft er und zeigt zum Baum. „Das ist eine Meise“, sagt Papa. „Und jetzt gehen wir schnell hinein.“ Papa geht vor. Tim winkt der Meise zu. Dann stapft er hinter Papa ins Haus.

Kannst du auch stapfen? Zeig es mir!

Drinnen ziehen Tim und Papa ihre Handschuhe, die Mützen, die Stiefel und ihre Jacken aus. „Hunger!“, ruft Tim. „Magst du eine Banane essen?“, fragt Papa. Tim nickt. Bananen isst er am allerliebsten! Er leckt sich mit der Zunge über die Lippen.

Leck dir auch mit der Zunge über die Lippen.

Tim und Papa gehen in die Küche. Dort nimmt Papa eine Banane aus dem Obstkorb. Er zieht die Schale halb ab und gibt Tim die Banane. Tim beißt hungrig hinein. Lecker! Nachdem Tim fertig gegessen hat, setzt er sich auf die Küchenbank. Von dort aus kann er den Garten sehen. Plötzlich sieht Tim eine Bewegung. „Die Meise!“, ruft er und winkt Papa zu sich.

Wink so, als würdest du jemanden zu dir winken.

Gemeinsam sehen Papa und Tim aus dem Fenster. Die Meise hüpft draußen im Gras herum. „Hat auch Hunger", glaubt Tim. Papa überlegt. „Wir können die Meise füttern", schlägt er vor. Tim nickt.

Kannst du auch nicken? Zeigst du es mir?

Papa holt eine Tüte mit Sonnenblumenkernen aus dem Küchenschrank. Dann öffnet er das Fenster. Kalte Luft weht herein. Papa legt Tim ein paar Kerne in die Hand. „Kannst du die Kerne für die Meise auf die Fensterbank streuen?", fragt Papa. Natürlich kann Tim das. Auch Papa legt einige Kerne dazu. Dann schließt er das Fenster. „Jetzt kann die Meise kommen und alle Kerne aufessen", sagt Papa.

Tu so, als würdest du etwas aufessen.

Eine Weile geschieht nichts. Plötzlich flattert die Meise heran. Sie pickt einen Kern nach dem anderen von der Fensterbank auf. Tim sitzt hinter der Fensterscheibe und schaut ihr zu. Er ist ganz still, damit er die Meise nicht erschreckt. „Guten Appetit, Meise!", flüstert Tim leise.

Gesprächsimpuls und weiterführende Idee

Was für einen Vogel sieht Tim zuerst vor der Tür, dann vor dem Fenster?

Vogelfutter am Stiel
Bringen Sie Pflanzenfett in einem alten Topf zum Schmelzen. In das flüssige Fett geben Sie Sonnenblumenkerne, Hirse, gehackte Haselnüsse und Rosinen. Füllen Sie die Mischung in leere Joghurtbecher und stecken Sie einen Zweig zur Hälfte hinein. Sobald das Fett wieder fest ist, ziehen Sie den Becher ab, indem Sie ihn kurz in heißes Wasser tauchen. Hängen Sie mit den Kindern das Vogelfutter am Stiel in einen Baum.

11 Ein Glöckchen für Karina

Karina geht heute mit Mama zum Bäcker. Sie wollen einkaufen. Zum Bäcker geht Karina besonders gerne, weil ihr die Verkäuferin jedes Mal eine kleine Brezel schenkt. Karina hält Mamas Hand, als sie den Laden betreten. Karina schnuppert. Heute riecht es aus der Backstube anders als sonst. „Hier riecht es lecker nach Weihnachtsplätzchen!", sagt Mama.

Schnupper auch. Wonach riecht es hier?

Karina sieht sich im Laden um. Hier riecht es nicht nur anders, es sieht auch anders aus als sonst. Neben dem Eingang steht ein kleiner Tannenbaum. An seinen Zweigen hängen Sterne aus Stroh. Karina lässt Mamas Hand los. Sie geht zu dem Baum und hockt sich davor. Den will sie sich genauer ansehen. So viele Sterne! Karina muss blinzeln.

Blinzle auch ein paarmal.
Kannst du auch in die Hocke gehen?

Vorsichtig streckt Karina die Hand aus. Sie tippt einen Zweig an. Da hört sie ein leises Klingeln. Ui, was war das? Karina greift nach dem Zweig. Wieder klingelt es. Karina springt auf und läuft zu Mama. Sie zupft an ihrem Ärmel. Aber Mama hat jetzt keine Zeit für Karina. Sie ist nämlich gerade an der Reihe. Mama bestellt ein Brot und drei Brötchen.

Kannst du mit deinen Fingern zeigen, wie viele Brötchen Karinas Mama bestellt?

Dann bezahlt sie. Endlich hat Mama Zeit. Sie lässt sich von Karina zum Tannenbaum ziehen. „Hör mal!", flüstert Karina aufgeregt. Sie tippt einen Zweig an. Und wieder klingelt es leise. Mama macht große Augen. Die Verkäuferin hat das Klingeln auch gehört. „Wir haben kleine Glöckchen in den Weihnachtsbaum gehängt. Entdeckst du sie?", fragt sie und beugt sich über den Tresen.

Beug dich auch einmal weit nach vorne. Kannst du dabei deine Zehen berühren?

Stimmt! Jetzt kann Karina ein goldenes Glöckchen zwischen den grünen Tannennadeln sehen. Und dort drüben schimmert noch eines! Karina klatscht vor Freude in die Hände.

Klatsch einige Male in die Hände.
Was kannst du noch machen, wenn du dich freust?

Mama streichelt Karina über den Kopf. „Jetzt müssen wir los", sagt sie und geht zur Ladentür. Karina kann aber noch nicht gehen. Sie muss erst alle Glöckchen an den Zweigen des Tannenbaumes bewundern. „Magst du eine Brezel haben?", fragt die Verkäuferin. Karina schüttelt den Kopf.

Schüttle auch deinen Kopf.

Die Verkäuferin kommt hinter dem Tresen hervor und hockt sich neben Karina. „Ich glaube, ich weiß, was du heute stattdessen haben magst", flüstert sie und greift nach einem Zweig. Sie bindet ein kleines Glöckchen los. „Für dich", sagt sie und drückt Karina das Glöckchen in die Hand. Karina hüpft vor Freude auf und ab. Dabei klingelt das Glöckchen wieder und wieder! Jetzt kann Karina zu Mama gehen, die noch immer an der Ladentür auf sie wartet. „Mein Glöckchen", sagt Karina und zeigt Mama, was sie bekommen hat.

Gesprächsimpuls und weiterführende Idee

Was hört Karina, als sie die Tannenbaumzweige antippt?

Ein Glöckchen im Ballon

Besorgen Sie mehrere bunte Luftballons und stecken Sie in jeden ein Glöckchen. Pusten Sie die Ballons auf und verknoten Sie die Öffnungen. Die Kinder können sich diese Luftballons mit „klingender Füllung" zuwerfen, sie schütteln oder sie über eine schiefe Ebene rollen lassen – und dabei über den zarten Glöckchenklang staunen.

12 Jonas lernt pusten

Gerade haben Jonas, Mama und Papa ihr liebstes Adventslied gesungen. Auf dem Tisch vor ihnen steht der Adventskranz mit den vier Kerzen.

Kannst du mit deinen Fingern zeigen, wie viele Kerzen auf dem Adventskranz sind?

Vor dem Singen hatte Mama zwei Kerzen angezündet. Jonas mag die leuchtenden Flammen. Er sieht sie sich noch ein bisschen an. Nach einer Weile möchte Jonas die Kerzen auspusten. Er beugt sich vor. Als sein Kopf ganz nah bei einer brennenden Kerze ist, pustet er. Die Kerzenflamme flackert hin und her. Sie verlischt aber nicht. Jonas pustet noch einmal. Die Kerze brennt weiter. Es will und will nicht klappen. Jonas lässt den Kopf hängen und verschränkt die Arme vor der Brust. Dann lässt er sich auf die Couch fallen.

Mach es Jonas nach: Lass deinen Kopf hängen und verschränk die Arme vor deiner Brust.

Schließlich pustet Mama die Kerzen aus. Papa setzt sich zu Jonas und nimmt ihn auf den Schoß. „Was hältst du davon, wenn wir zusammen pusten üben?", fragt er Jonas. „Magst du?" Jonas nickt.

Kannst du auch nicken?

„Dann hole ich jetzt schnell etwas", sagt Papa. Er setzt Jonas zurück auf die Couch und geht aus dem Zimmer. Kurz darauf kommt er wieder. In einer Hand hält er etwas Weißes. „Komm, setz dich zu mir auf den Boden", sagt Papa. Jonas lässt sich von der Couch auf den Boden gleiten. Neugierig krabbelt er zu Papa.

Krabble ein paarmal hin und her.

Papa zeigt Jonas, was er mitgebracht hat: Es ist klein, weich und sieht aus wie ein kleiner Ball. „Was ist das?", will Jonas wissen. „Das ist Watte. Damit üben wir jetzt pusten", erklärt Papa. Er legt das Watteböllchen auf den Boden. „Los, probier mal, ob du die Watte bis zur Wand pusten kannst", sagt Papa. Jonas holt tief Luft.

Mach es Jonas nach: Hol tief Luft.

Dann spitzt er seine Lippen und bläst kräftig die Luft hindurch. Dabei zielt er genau auf die Watte. Das Bällchen bewegt sich nicht vom Fleck. Jonas versucht es noch einmal: Er holt Luft, spitzt die Lippen und bläst. Hurra, das Wattebällchen rutscht ein wenig über den Boden! Jonas will gleich noch einmal üben. Jetzt gelingt es ihm sofort. Die Watte hüpft davon. Und dann bläst Jonas so fest, dass das Wattebällchen sogar in die Luft fliegt.

Blas auch einmal so stark wie möglich!

„Prima!", freut sich Papa. Jonas grinst. Er freut sich auch. „Jetzt die Kerze auspusten", sagt Jonas. Mama zündet eine Kerze am Adventskranz an. Jonas denkt an das Wattebällchen. Dann beugt er sich zum Adventskranz vor und holt tief Luft. Und dann pustet er so stark wie möglich. Geschafft! Die Kerze ist aus. Jetzt ist Jonas froh und stolz. So ein schöner Adventsabend, findet er.

Gesprächsimpuls und weiterführende Idee

Was holt Papa, damit Jonas das Pusten üben kann?

Tannenbaum-Kerzen auspusten

Kleben Sie mit Malerklebeband die Umrisse eines Tannenbaums auf den Boden. Auf der aufgeklebten Linie verteilen Sie Teelichter in der Anzahl der Kinder, die sich beteiligen. Zünden Sie alle Teelichter an und geben Sie den Kindern Zeit, den „Lichterbaum" zu bestaunen. Ein Kind nach dem anderen darf dann je ein Teelicht auspusten.

13 Sven ist ein Finder

Als Sven aufwacht, riecht er es sofort: Ein ganz bestimmter Duft liegt in der Luft … Sven kräuselt die Nase und schnuppert. Plätzchenduft! Er ist sich sicher. „Mama!", ruft Sven, „ich will Plätzchen essen!"

Kräusel deine Nase und versuch, in die Luft zu schnuppern. Riechst du etwas?

Die Tür geht auf und Mama kommt herein. Sie lacht. „Du hast recht! Ich habe gestern Abend Plätzchen gebacken. Wir werden sie aber erst an Weihnachten essen. Deswegen habe ich alle in eine Dose gelegt und sie versteckt." „Versteckt?", fragt Sven interessiert. „Ja, versteckt", nickt Mama. „Das bedeutet, dass niemand sie bis Weihnachten finden wird." „Ich kann das, ich kann sie finden!", ruft Sven. „Ich bin ein Finder!"

Bist du auch ein Finder oder eine Finderin?
Hast du schon einmal etwas Verstecktes gefunden?

Mama lacht wieder. Dann nimmt sie Sven auf den Arm und trägt ihn ins Badezimmer. „Jetzt putzen wir zuerst unsere Zähne, du kleiner Finder. Die Kita fängt bald an."

Tu so, als würdest du deine Zähne putzen – mit einem Finger als Zahnbürste.

Nach der Kita isst Sven mit Mama ein leckeres Mittagessen: Kartoffelpüree und Fisch. Sven hat sehr viel Hunger, wie immer nach der Kita. „Fisch schwimmt", stellt Sven fest und tut so, als würde er schwimmen.

Mach es wie Sven und „schwimm" wie ein Fisch.

Danach steckt er sich das letzte Stück Fisch in den Mund. Er kaut, schluckt und sieht dann Mama fragend an: „Nachspeise?"

Kannst du so tun, als würdest du kauen und schlucken?

„Du willst unbedingt ein paar Plätzchen naschen, stimmts?", fragt Mama lachend zurück. Sven nickt. „Na gut …", meint Mama. „Wenn du sie findest, darfst du einige essen. Los gehts!"

Sven rutscht schnell vom Stuhl und hüpft vor Freude auf und ab. „Ich finde Plätzchen, ich finde Plätzchen!“, ruft er. Dann saust er los. Zuerst in die Küche.

Versuch ein paarmal auf und ab zu hüpfen.

Im Kühlschrank sieht alles aus wie immer. Hier sind keine Plätzchen versteckt. Auch in der Topfschublade, die Sven aufzieht, ist keine Spur von Plätzchen. Eine Schublade nach der anderen macht Sven auf und wieder zu. Nichts …

Plötzlich hat Sven eine Idee. Er läuft zur Balkontür und schaut auf den kleinen Balkon vor der Küche. Und da stehen sie! Viele bunte Plätzchendosen. „Hab sie!“, ruft Sven glücklich.

Mama öffnet die Balkontür, Sven schlüpft nach draußen und schnappt sich die oberste Dose. Und als sie drinnen den Deckel öffnen, strömt der beste Duft der Welt heraus: Weihnachtsplätzchenduft.

Gesprächsimpuls und weiterführende Idee

Wo findet Sven die Plätzchen, die Mama versteckt hat?

Verstecken und suchen

Jedes Kind sucht sich ein Versteck. Zählen Sie langsam bis zehn und rufen dann laut: „Ich komme!“. Nun suchen Sie übertrieben lange und lautstark an Stellen, an denen sich niemand versteckt haben kann. Mit lautem Gekicher werden die Kinder Sie bald auf die richtige Spur führen und sich finden lassen.

14 Elena singt

Elena sitzt am Frühstückstisch und hebt immer wieder den Löffel aus dem Müsli. „Tropf, tropf, tropf" macht die Milch, wenn sie vom Löffel zurück in den Teller tropft. Elena klopft dann mit den Fingern auf den Tisch. Dazu sagt sie: „Tropf, tropf, tropf".

Mach es Elena nach: Klopf mit den Fingern auf den Tisch oder auf den Boden und sag: „Tropf, tropf, tropf".

Da kommt Mama herein. „Hopp, hopp, aufessen!", ruft sie. „Wir müssen los." Elena löffelt ihr Müsli aus. Dann geht sie in den Flur. Dabei singt sie vor sich hin: „Hopp, hopp, hopp, Pferdchen lauf Galopp". Elena zieht sich an und schnappt sich ihre Tasche. Los geht es in die Kinderkrippe!

Kannst du „Hopp, hopp, hopp, Pferdchen lauf Galopp" singen?

In der Kinderkrippe sind schon viele Kinder. Aber Elena hat keine Lust, mit ihren Freundinnen zu spielen. Sie setzt sich lieber in die leere Bücherecke und sieht sich ein Buch an. Dabei summt sie leise vor sich hin.

Summ auch du leise ein Lied.

In dem Buch sind Winterbilder zu sehen. Eines gefällt Elena besonders gut. Darauf ist ein Weihnachtsbaum. Er ist geschmückt mit Glöckchen und bunten Kugeln. Dazwischen glitzert Kerzenlicht. Und während sich Elena das Bild ansieht, summt sie: „Kling, Glöckchen, klingelingeling".

Wie klingt ein Glöckchen? Kannst du es nachmachen?

Da setzt sich Maren, die Erzieherin, zu Elena: „Du singst ein Weihnachtslied?" Elena nickt. „Was hältst du davon, wenn wir es zusammen mit Klavierbegleitung singen?", fragt Maren. Elena springt auf und reißt die Arme hoch: „Au ja!" Sie liebt das Klavier in der Kinderkrippe!

Heb die Arme und ruf dabei „au ja!"

Maren setzt sich ans Klavier und spielt „Kling, Glöckchen, klingelingeling". Und weil Mama dieses Lied schon oft mit Elena gesungen hat, singt Elena gleich mit. Immer mehr Kinder kommen zum Klavier und hören staunend zu.

Als Elena den Kehrvers „Kling, Glöckchen, klingelingeling" wieder anstimmt, klatschen alle dazu.

Klatsch ein paarmal ganz kräftig.

Und als das Lied zu Ende ist, rufen die Kinder: „Noch mal!"

Gesprächsimpuls und weiterführende Idee

Welches Lied singt Elena, begleitet vom Klavier?

Weihnachtslieder instrumental begleiten

Legen Sie verschiedene Orff-Instrumente in die Mitte des Kinderkreises. Jedes Kind sucht sich nun ein Instrument aus und begleitet damit die gemeinsam gesungenen Weihnachtslieder. Bei jeder neuen Strophe eines Liedes können die Kinder ihre Instrumente untereinander tauschen.

15 Der selbst gebastelte Weihnachtsschmuck

„Rums!" Mama stellt eine schwere Kiste im Flur ab. „Ich, ich, ich!", ruft die kleine Julia und eilt herbei. „Ja, du darfst helfen", lacht Mama. „Heute schmücken wir nämlich das Haus für Weihnachten." Da kommt Julias ältere Schwester Bente herein. Sie reckt neugierig den Hals und fragt: „Was heißt das, ‚schmücken'?"

Mach es wie Bente: Reck neugierig deinen Hals.

„Schmücken bedeutet zurechtmachen, schön machen und vorbereiten. Extra für Weihnachten", erklärt Mama und öffnet die Kiste. Julia und Bente beugen neugierig ihre Köpfe darüber. „Ohhh", flüstert Julia erstaunt.

Versuch es auch: „ohhh!"

Die Kiste ist randvoll mit bunten Kugeln, Bändern, grünen Tannenzweigen, Schleifen, roten Äpfelchen, kleinen Engeln, Nikoläusen, Nüssen und ähnlichen Kostbarkeiten. Bente greift vorsichtig hinein und holt einen goldenen Engel heraus. „Ich bin ein Engel!", ruft sie und lässt den Engel im Flur umherfliegen. Auch Julia ruft: „Engel, Engel!" Dabei bewegt sie ihre ausgebreiteten Arme rauf und runter, als ob sie Flügel wären.

Magst du auch so tun, als ob du Flügel hättest und im Raum umherfliegen würdest?

Mama holt lächelnd eine bunt bemalte Kugel aus der Kiste. „Die habe ich angemalt, als ich noch ein Kind war und bei Oma und Opa gewohnt habe", erzählt sie. „Schön …", staunt Bente und nimmt die Kugel vorsichtig in ihre Hände.
„Ich habe eine Idee!", ruft Mama plötzlich. „Wir basteln unseren Weihnachtsschmuck selbst." „Jaa!", freuen sich Julia und Bente. „Dafür müssen wir zuerst in den Garten gehen. Los, anziehen!", kommandiert Mama fröhlich und klatscht in die Hände.
Die Kinder schlüpfen schnell in Gummistiefel und Jacken.

Tu so, als würdest du dir Gummistiefel anziehen.

Draußen liegen kleine Zapfen im Gras verstreut. „Die sammeln wir jetzt alle auf", sagt Mama und hält eine Tüte auf. Bente und Julia bücken sich, heben einen Zapfen nach dem anderen auf und stecken jeden in die Tüte.

Stell dir vor, hier liegen Zapfen auf dem Boden. Bück dich und heb sie auf.

Mit der Tüte voller Zapfen gehen Mama, Julia und Bente zurück in die Küche. Mama leert die Tüte auf den Küchentisch aus und eine Menge Zapfen kullern heraus. Daneben stellt Mama dann zwei Töpfchen. In dem einen ist weiße und in dem anderen gelbe Fingerfarbe.

Sieh dich um. Entdeckst du etwas Weißes oder Gelbes? Kannst du darauf zeigen?

„Und jetzt bemalen wir die Zapfen. Mit unseren Fingern!", meint Mama. „Juhu!" jubeln die Mädchen und tauchen gleich ihre Finger in die kühlen Fingerfarben ein. Und dann bestreichen sie damit einen Zapfen nach dem anderen.

Viele weiße und gelbe Zapfen stehen wenig später, einer neben dem anderen auf dem Tisch. „Das ist unser schönster Weihnachtsschmuck", freut sich Mama.

„Und nachher schmücken wir das Haus. Für Weihnachten", sagt Bente.

Gesprächsimpuls und weiterführende Idee

Wo sammeln Mama, Bente und Julia die Zapfen?

Zapfen bemalen

Sammeln Sie mit den Kindern kleine Fichtenzapfen, die Sie gut trocknen lassen. Stellen Sie dann unterschiedliche Fingerfarben bereit (evtl. auch Glitzer o.Ä.). Nun dürfen die Kinder die Zapfen nach Lust und Laune anmalen. Lassen Sie anschließend die Farbe trocknen und befestigen Sie dann eine Schnur an jeden Zapfenstiel. Fertig ist der Weihnachtsschmuck!

16 Mayas Katze besucht die Kinderkrippe

Maya, Emma und Carlos spielen in der Bauecke. Sie haben gemeinsam eine lange Straße gebaut. Darauf fahren jetzt zwei Autos um die Wette. „Ich bin schneller!", ruft Emma und lässt ihr Auto an Carlos Auto vorbeisausen. „Nein, ich!", ruft Carlos und fährt mit lautem „Brumm-Brumm!" an Emmas Auto vorbei.

Kannst du ein Autogeräusch nachmachen?

Maya sieht den beiden zu. Bald hat sie aber keine Lust mehr und stellt sich ans Fenster. Direkt davor steht im Garten ein Vogelhaus auf einem hohen Holzpflock. Die Erzieherinnen haben Vogelfutter darin ausgestreut. Maya sieht, dass mehrere Vögel die Körner aufpicken. „Pick, pick, pick!", sagt Maya und klopft dabei mit einem Finger auf die Fensterbank.

Tu so, als wäre dein Finger ein Schnabel und du würdest damit Körner vom Boden aufpicken – „pick, pick, pick".

Carlos und Emma hören das und sehen neugierig auf. Schnell legen sie ihre Autos beiseite und gehen zum Fenster. „Oh, es sind Vögel in unserem Vogelhaus!", freut sich Emma. „Ja, und sie machen pick, pick, pick", lächelt Maya. Carlos sagt gar nichts. Er zeigt hinüber zum Gartenzaun. Dort hat er nämlich etwas entdeckt.

Kannst du auch mit dem Finger auf etwas zeigen?

Emma und Maya sehen nun auch hin. Auf dem Gartenzaun sitzt eine schwarze Katze. „Mein Moppel!", ruft Maya. „Moppel! … Moppel!", lockt sie ihn. Carlos macht: „Miau, miau!"

Versuch, wie eine Katze zu miauen.

Auch Franka, die Erzieherin, ist jetzt neugierig geworden. „Aha", sagt sie nach einem Blick in den Garten, „ihr habt eine Katze entdeckt. … Oh! Ist das nicht deine Katze, Maya?", fragt Franka nach einer Weile. „Ich glaube, sie war schon öfter in unserem Garten. Sie besucht uns wohl manchmal." Maya nickt nur.

„Moppel", sagt sie. „Moppel heißt deine Katze also, ja?" Maya nickt noch einmal.

Mach es Maya nach und nick zweimal.

Plötzlich sieht Emma besorgt zum Vogelhaus. „Oh weh! Mayas Moppel will vielleicht zu unseren Vögeln. Oder, Franka?" „Ja, das kann sein", meint Franka und beobachtet Moppel. Die Kinder drücken sorgenvoll ihre Nasen an der Scheibe platt.

Drück mit der flachen Hand auf deine Nase.
So fühlt sich das an, wenn du deine Nase platt drückst.

Inzwischen hat Moppel die Vögel entdeckt. Sie springt vom Zaun und duckt sich ganz flach auf den Boden. So schleicht sie zum Vogelhaus.

Kannst du auch schleichen?

Als Moppel nahe genug ist, springt sie mit einem Satz am Holzpflock hoch. Die Vögel fliegen erschrocken auf und davon. Die Kinder machen vor Schreck einen Satz nach hinten. Aber dann lachen alle erleichtert auf. Den Vögeln ist nichts passiert!

Gesprächsimpuls und weiterführende Idee

Wo sitzt Moppel, als sie von Carlos entdeckt wird?

Bunte Schnipselkatze

Schneiden Sie für jedes Kind eine Katzenform aus Pappe aus. Legen Sie Tapetenkleister, Pinsel und bunte Papierschnipsel bereit. Die Kinder bekleben die Katze nun kunterbunt mit den Schnipseln. Die Pappkatze gut trocknen lassen und, wenn Sie es mögen, anschließend pressen.

17 Die Schlittenfahrt und der heiße Kakao

„Juhu! Schneller!“, ruft Jonas von seinem Schlitten. Papa zieht ihn den Berg hinauf. Schon viele Male sind die beiden den Schlittenhang hinuntergesaust. Es macht Jonas so viel Spaß, wenn ihm der Wind ins Gesicht pustet und der Schnee um ihn herum aufgewirbelt wird! Deswegen ist auch Jonas’ Nase jetzt eiskalt. Er reibt sie mit dem Handschuh warm.

Reib auch mit der Hand über deine Nase. Wird sie warm?

„Noch einmal. In Ordnung, Jonas?“, sagt Papa keuchend. „Wir fahren noch einmal hinunter, dann müssen wir uns aufwärmen.“ Jonas sieht, dass auch Papas Nase ganz rot ist. „In Ordnung“, sagt Jonas. „Noch einmal.“ Oben am Hang schiebt Papa den Schlitten zurecht und setzt sich hinter Jonas. Dann rufen beide: „Eins, zwei, drei … looos!“

Mach es den beiden nach und ruf: „Eins, zwei, drei looos!“

Der Schlitten saust den Hang hinab wie ein Blitz. Der Wind bläst Jonas kräftig ins Gesicht, Schnee wirbelt um sie herum auf. Plötzlich hüpft der Schlitten über einen kleinen Hügel, neigt sich dann gefährlich zur Seite und kippt schließlich um. Jonas und Papa purzeln in den weichen Schnee.

Lass auch du dich zur Seite fallen.

Papa liegt im Schnee und lacht. Er sieht aus wie ein Schneemann. Genau wie Jonas. Der sieht Papa an und muss auch lachen. Papa sieht so lustig aus! Aber dann spürt Jonas, wie kalt der Schnee ist. Und wie müde er ist. Jonas will nicht mehr Schlitten fahren. Er jammert ein wenig.

Kannst du jammern?

Papa geht zu Jonas und nimmt ihn in den Arm. „Weißt du was? Jetzt setzen wir uns ins Warme und trinken einen heißen Kakao. Genau das Richtige nach so einer abenteuerlichen Schlittenfahrt!“ Papa setzt Jonas auf den Schlitten und zieht ihn bis zu dem kleinen, gemütlichen Café an der Ecke. Am Tisch möchte Jonas ganz allein bestellen. „Einen Kakao, bitte!“, sagt er laut und deutlich zu der Bedienung.

Hast du schon einmal selbst etwas bestellt?

„Ich nehme auch einen Kakao“, sagt Papa. „Bitte mit Sahne.“ „Au ja!“ ruft Jonas. „Ich auch! Ich möchte auch Sahne haben!“ Hm! Weiße, weiche, süße Sahne! Vor lauter Vorfreude leckt sich Jonas die Lippen.

Leck einmal, so wie Jonas, deine Lippen.

Nach kurzer Zeit stehen zwei große Tassen Kakao mit Sahne vor ihnen auf dem Tisch. Jonas steigen kleine Dampfwölkchen in die Nase. Und wie ein weißes Hütchen liegt die Sahne auf seinem Kakao.

Jonas strahlt Papa an. „Danke, Papa!“, lächelt er und taucht seinen Löffel in den weichen, süßen Sahneschaum. „Hmmm!“ Jonas schleckt den Löffel ab. „Das ist fast besser als Schlittenfahren“, murmelt er. „Aber nur fast.“

Gesprächsimpuls und weiterführende Idee

Warum ist der Schlitten umgekippt?

Schokolöffel für Trinkschokolade

Legen Sie für jedes Kind einen Teelöffel bereit. Schmelzen Sie eine Tafel Vollmilch- und eine Tafel Zartbitterschokolade im Wasserbad und tropfen Sie dann jeden Teelöffel mit flüssiger Schokolade voll. Lassen Sie die Schokolade erkalten.

In eine Tasse mit heißer Milch getaucht, zaubert dieser Löffel eine leckere heiße Schokolade hervor.

18 Serap möchte Sterne basteln

Bastelzeit in der Kita! Darauf freut sich Serap jedes Mal. Heute aber sitzt sie nachdenklich am Basteltisch und sieht zu. Ihre Freundin Mona bastelt einen Stern. Einen großen, goldenen Weihnachtsstern. Serap möchte auch einen solchen Stern basteln. Aber Serap feiert nicht Weihnachten. Sie und ihre Familie sind Muslime und feiern andere Feste – zum Beispiel das Opferfest. Das ist Seraps Lieblingsfest. Dann wird getanzt und gesungen, und die Kinder bekommen Geschenke. So ähnlich wie an Weihnachten. Nur – Weihnachten feiern sie nicht. Darf sie dann einen großen, goldenen Weihnachtsstern basteln?

Kannst du auch singen und tanzen?

Nach dem Mittagessen zu Hause bleibt Serap noch eine Weile am Tisch sitzen. Sie überlegt. Schließlich fragt sie: „Warum feiern wir nicht auch Weihnachten, Mama?" „Weil wir keine Christen sind, mein Schatz. Wir sind Muslime und feiern deswegen andere Feste als die Christen. Weißt du noch? Bald ist unser Opferfest. Dann bekommst du Geschenke!" „Ja, ja, ja!" Serap klatscht vor Freude dreimal in die Hände.

Mach es Serap nach und klatsch dreimal.

Dann wird Serap wieder still. Mama sieht sie fragend an: „Was ist los, Schätzchen? Bedrückt dich etwas?" Serap lässt den Kopf hängen und schnieft.

Kannst du auch schniefen?

Dann sagt sie: „Mona bastelt einen Stern. Andere Kinder auch … Die Sterne sind so schön. Ich will auch Sterne basteln … Wir feiern aber kein Weihnachten." Mama seufzt leise und geht vor Serap in die Hocke: „Ich verstehe … Du meinst, weil wir nicht Weihnachten feiern, darfst du keinen Weihnachtsstern basteln. Oh, Serap! Aber natürlich darfst du Sterne basteln! So viele du willst." Serap sieht langsam hoch und blinzelt eine Träne weg.

Blinzel ein paarmal.

„Wie sieht Monas Stern aus?“, fragt Mama und wischt die letzten Tränen weg. „Er ist golden. Und er glitzert ein bisschen“, sagt Serap. „Oh, wie schön!“, wundert sich Mama. „Also, ich würde mich sehr über einen solchen goldenen Glitzerstern freuen. Den könnten wir hier in der Küche aufhängen. Bastelst du einen für mich?“ Serap springt auf. „Ja!“, ruft sie. „Das mach ich! Gleich morgen!“

Spring auch du einmal auf.

Am nächsten Tag in der Kita sitzt Serap mit Mona am Basteltisch. Und dieses Mal bastelt auch Serap einen großen, goldenen Stern – für Mama. Dabei erzählen sich die Mädchen Geschichten; von Weihnachten und vom Opferfest.

Zu Hause hängt Mama den goldenen Stern an die Lampe über dem Esstisch. „Hier wird er besonders schön leuchten!“, freut sie sich.

Gesprächsimpuls und weiterführende Idee

Welches Fest wird Seraps Familie bald feiern?

Sternentanz

Basteln Sie aus gelbem Krepppapier und Gummibändern „Sternenröckchen“. Die Kinder, die gerne tanzen, dürfen ein Röckchen anziehen und zu einer zauberhaften Sternenmusik einen Sternentanz aufführen.

19 Das Weihnachtspaket

Robin sitzt in seinem Zimmer auf dem Boden. Er versucht ein Puzzle zusammenzusetzen. Da klingelt es plötzlich an der Haustür: „Ring, ring, ring!"

Kannst du ein solches Klingeln nachmachen?

Robin hört, dass Mama öffnet. Oh, er muss unbedingt nachsehen, wer geklingelt hat! Wie der Blitz saust Robin zur Tür und späht hinaus. Es ist der Postbote. Er gibt Mama mehrere Briefe und – Robin staunt – ein großes Paket. Mama kann es kaum halten, so schwer ist es. Damit beladen, versucht sie die Tür zu schließen, da entdeckt sie Robin. „Oh, wie gut, dass du hier bist! Kannst du mir helfen?", fragt sie.

Hast du auch schon einmal beim Tragen geholfen?

Robin hält eine Paketecke fest und hilft Mama so, die schwere Last ins Wohnzimmer zu tragen. Mit einem lauten Seufzer legen sie das Paket dort ab. Was wohl drin ist? Mama holt eine Schere und schneidet die Verpackung auf. Robin hebt neugierig den Deckel. „Geschenke!", ruft er. Tatsächlich. Jedes einzelne Päckchen ist in Weihnachtspapier eingewickelt und mit einem passenden Band verschnürt. Obenauf liegt eine Karte. Mama öffnet sie und liest: „Hallo, meine Lieben!"

Tu so, als würdest du eine Karte lesen, die du in der Hand hältst.

„Das Paket ist von deiner Patentante Margot!", freut sich Mama. „Und es sind wirklich Geschenke darin. Für uns alle. Weihnachtsgeschenke!" „Aufmachen, aufmachen!", ruft Robin und schnappt sich ein Päckchen. „Mein lieber, kleiner, ungeduldiger Robin", lächelt Mama, setzt sich auf die Couch und zieht Robin zu sich. „Weihnachtsgeschenke öffnen wir erst am Weihnachtsabend. Deswegen heißen sie ‚Weihnachtsgeschenke'. Bis dahin werde ich sie gut aufbewahren."

Weißt du, warum Weihnachtsgeschenke so heißen?

Oh! Damit hatte Robin nicht gerechnet. Diese vielen, schönen, bunten Päckchen! Es sind sicher viele Herrlichkeiten dort drin. Und bis Weihnachten dauert es doch mindestens – eine Ewigkeit. Robin muss ganz plötzlich und ganz schrecklich weinen. Viele, viele Tränen kullern über seine Wangen.

Weißt du, wie es sich anhört, wenn jemand weint?

Mama hebt Robin auf ihren Schoß. „Ich weiß, dass dir das Warten furchtbar schwerfällt. Aber weißt du was? Ganz so lange dauert es nicht mehr bis Weihnachten: Noch genau fünfmal schlafen! Kannst du mir mit deinen Fingern zeigen, wie oft das ist?“ Robin wischt sich mit dem Handrücken die Tränen von den Wangen und nickt entschlossen. Dann spreizt er alle Finger einer Hand und hält sie hoch. „Richtig!“, freut sich Mama. „So oft wirst du noch schlafen bis Weihnachten. Und ab heute kannst du dich jeden Tag ein bisschen mehr auf deine Geschenke freuen.“

Spreiz alle Finger an einer Hand. Wie viele Finger sind das?

Robin denkt nach. Sich jeden Tag ein bisschen mehr zu freuen, klingt gut. Jetzt im Moment freut er sich aber noch nicht so richtig … Ein bisschen traurig sieht sich Robin das bunte Päckchen an, welches er immer noch in der Hand hält, und streicht über das so schöne Geschenkband.

„Weißt du was?“, sagt Mama plötzlich. „Ich glaube, hier ist doch noch etwas für dich!“ Vorsichtig entknotet sie das kunterbunte Geschenkband von dem Päckchen und wickelt es um Robins Finger. „Ein kleines Stückchen vom Geschenk!“, flüstert sie. Robin sieht sich begeistert seinen Finger an. Und dann muss er lachen: „Jetzt bin ich ein Geschenk!“

„Das bist du in der Tat“, lächelt Mama und drückt ihm einen Kuss auf die Stirn.

Gesprächsimpuls und weiterführende Idee

Wer hat das große Paket geschickt?

Die Weihnachtswanne

Befüllen Sie eine Wanne bzw. eine große Kiste/einen Karton oder ein Babyplanschbecken mit bunter Weihnachtsdekoration (mit Plastikkugeln, Bändern, Schleifen, raschelndem Geschenkpapier u. Ä.). Die Kinder dürfen damit frei, nach Herzenslust spielen.

20 Heute ist Ina an der Reihe

Gleich nach dem Aufwachen muss Ina daran denken: Heute ist sie an der Reihe! Heute darf sie in der Kinderkrippe das Türchen am Adventskalender öffnen! Auch beim Zähneputzen denkt Ina aufgeregt daran. So aufgeregt, dass sie mit den Füßen auf dem Badezimmerteppich hin und her trippelt.

Trippel ein paarmal auf der Stelle.

Genauso zappelig ist Ina auch in der Kinderkrippe. Deswegen weiß sie nicht, was sie spielen soll. Wenn nur endlich Zeit für den Stuhlkreis wäre! Dann nämlich darf sie das Türchen öffnen. Unruhig geht Ina aus der Spielecke zum Basteltisch, von dort in die Bücherecke und wieder zurück zum Basteltisch. Die Zeit vergeht so langsam … Dann, endlich, ruft die Erzieherin Jana: „Aufräumen, alle Kinder räumen auf!"

Ruf auch du einmal zum Aufräumen auf.

Ina hilft fleißig mit. Sie räumt wie ein Wirbelwind auf und schiebt anschließend einen Stuhl nach dem anderen in die Raummitte – für den Stuhlkreis. Und dann ist alles bereit. Nachdem alle Kinder sitzen, stellt Jana eine Kerze in die Kreismitte und winkt lächelnd Ina zu sich. Als die heutige Türchenöffnerin darf Ina auch beim Anzünden der Kerze helfen. Also nimmt sie ein Streichholz aus der Schachtel und reicht dann beides Jana. Diese reibt das Hölzchen einmal kräftig an der Reibfläche und schon schießt eine kleine Flamme zischend am Streichholzende auf.

Kannst du zischen?

Ina umklammert mit beiden Händen die Kerze und hält sie Jana hin. Kurz nachdem die Streichholzflamme den Docht berührt, brennt die Kerze. Ina pustet das Streichholz aus und stellt die Kerze vorsichtig wieder hin. „Gut gemacht", flüstert Jana.

Puste so, als würdest du ein Streichholz auspusten.

Ina setzt sich zufrieden auf ihren Stuhl. Bald wird sie das Türchen öffnen dürfen. Zuerst singen aber alle gemeinsam „Kleine Kerze leuchte". Dann pustet Jana die Kerze aus, klatscht einmal in die Hände und sagt: „So, und jetzt zum Adventskalender!" Schmunzelnd streckt sie Ina die Hand entgegen.
Ina weiß schon genau, auf welchem Türchen ihr Name steht, also muss sie nicht lange suchen. Langsam öffnet sie es ... Ein Stück Schokolade! Vorsichtig holt Ina sie heraus und legt sie auf ihre Handfläche. „Eine Schneeflocke!", ruft sie überrascht. „Die Schokolade sieht aus wie eine Schneeflocke." Fast zu schade zum Essen, findet Ina. Trotzdem wird sie sie essen, das weiß sie. Ina isst nämlich besonders gern Schokolade.

Isst du auch so gern Schokolade?

Aber halt! Das war noch nicht alles! Im Adventskalender ist noch etwas für sie. Es ist ein kleiner Zettel. Ina holt ihn heraus und faltet ihn auseinander. Darauf steht etwas. Und weil Ina noch nicht lesen kann, liest Jana laut vor: „Liebe Ina, du darfst dir heute ein Spiel wünschen." „Juhu!", jubelt Ina und dreht sich glücklich einmal um sich selbst.

Mach es Ina nach: Dreh dich einmal um dich selbst.

Über dieses Geschenk freut sich Ina ganz besonders, weil sie ein Spiel mehr als alle anderen mag: „Ballspielen!", ruft sie deswegen schnell. „Ballspielen in der Turnhalle!"
„Hurra!", freuen sich auch die anderen Kinder und springen auf.
„Wunderbar!", ruft Jana. „Na dann, los gehts!"

Gesprächsimpuls und weiterführende Idee

Welches Spiel hat sich Ina gewünscht?

Einen Adventskalender backen

Backen Sie mit den Kindern 24 Lebkuchen und beschriften oder bemalen Sie sie anschließend mit Zuckerguss. Die Zubereitung und das süße, duftende Adventsgeschenk werden den Kindern bestimmt viel Freude machen!

21 Die Wunschzettel

Larissa und David sitzen am Tisch und blättern in einem Spielzeugkatalog. „Oh!“ David macht große Augen. „So einen Bagger wünsch ich mir zu Weihnachten!“ Eine Weile bewundert er den besonders großen, gelben Bagger. Dann sieht er Larissa fragend an: „Und du? Was wünschst du dir?“ Larissa blättert rasch ein paar Seiten zurück und sagt bestimmt: „Das da!“ Ihr Finger zeigt auf ein knallrotes Laufrad.

Das hört Elli, die Erzieherin. „Oh, ihr wisst, was ihr euch zu Weihnachten wünscht?“, fragt sie. „Dann könnt ihr Wunschzettel basteln! Habt ihr Lust?“ „Au ja, einen Wunschzettel!“, ruft Larissa und klatscht vor Freude in die Hände. Sie braucht unbedingt einen Wunschzettel. Schließlich möchte sie das Laufrad auch unbedingt haben. „Dafür braucht ihr Papier, Kleber und eine …“ – Elli lächelt vielsagend und macht mit zwei Fingern eine Schneidebewegung.

Was meint Elli mit dieser Bewegung? Kannst du sie nachmachen?

„Eine Schere, klar!“, ruft Larissa und springt auf. David folgt ihr und gemeinsam suchen sie Papier, Scheren und Klebstoff. Kurz danach schneiden beide konzentriert und sorgfältig die Bilder aus dem Katalog: Larissa das knallrote Laufrad und David den gelben Bagger. Das Ausschneiden ist nicht ganz einfach, weil die Bilder nicht groß und die Kanten nicht gerade sind. Dann ist es aber geschafft. „Fertig!“ Erleichtert atmet David einmal laut aus: „Pfffff“.

Hol tief Luft und versuch, sie mit einem lauten Pffffff wieder auszublasen.

Das Aufkleben der Bilder ist dagegen ein Kinderspiel. Ratzfatz sind die beiden Wunschzettel fertig. David und Larissa bewundern zufrieden ihre Arbeit. „Und was machen wir damit?“, fragt Larissa. „Wie kommen die zum Christkind? Oder zum Weihnachtsmann?“ David denkt eine Weile nach und meint schließlich: „Wir könnten Papierflugzeuge aus ihnen falten und sie vom obersten Stockwerk aus fliegen lassen.“ Er springt auf, breitet seine Arme aus und fliegt einmal wie ein Flugzeug um den Tisch.

„Flieg“ auch du einmal im Kreis wie ein Flugzeug.

Larissa sieht David skeptisch an und muss dann lachen: „So ein Quatsch mit Soße!“ Larissa lacht immer noch, als Elli an ihren Tisch kommt. „Seid ihr fertig?“, fragt sie. „Sollen wir die Wunschzettel jetzt rauslegen?“ „Rauslegen?“, fragen Larissa und David wie aus einem Mund. „Ja, nach draußen, auf die Fensterbank.“ Elli zeigt zum Fenster. „Von dort können sie besser vom Christkind – oder von einem Engel oder vom Weihnachtsmann – abgeholt werden.“ „Ach so!“, ruft Larissa begeistert. „So geht das also!“

Hast du auch schon einmal einen Wunschzettel gebastelt? Und was hast du danach mit ihm gemacht?

Die Kinder wollen ihre Wunschzettel sofort auf die Fensterbank legen, also gehen alle drei auf die Terrasse. Sorgfältig falten Larissa und David ihre Wunschzettel in der Mitte zusammen und legen sie auf das Fensterbrett des Gruppenraumfensters. Elli holt aus dem Garten zwei Steine und legt auf jeden Wunschzettel einen Stein. Larissa und David sehen sie fragend an. „Damit sie nicht davonfliegen“, erklärt Elli. „Und jetzt, rein mit uns. Es ist kalt.“

„Viel Glück“, flüstert Larissa ihrem Wunschzettel noch schnell zu, bevor sie bibbernd hineinläuft.

Gesprächsimpuls und weiterführende Idee

Was brauchen die Kinder zum Basteln?

Der persönliche Spielzeugkatalog

Stellen Sie den Kindern Spielzeugprospekte bzw. Kataloge zur Verfügung. Aus diesen dürfen sie sich einen persönlichen Wunschzettel gestalten. Dazu schneiden sie einfach die Bilder der gewünschten Spielsachen aus und kleben sie auf ein Blatt Papier.

22 Doreens Atemwölkchen

Doreen sieht zum Fenster hinaus und kneift vor Anstrengung die Augen zusammen. Hat sie es vorhin wirklich gesehen? Sie sieht genau hin. Da ist es wieder! Eine klitzekleine, weiße Schneeflocke tanzt in der Luft. Und noch eine. Und noch zwei, drei! Es schneit! Klein und fein trudeln und wirbeln winzige Schneeflöckchen durch die Luft. Der Wind pustet sie hin und her.

Puste wie ein starker Pustewind.

Doreen sieht diesem schnellen, lustigen Schneeflockentanz zu. Nach einiger Zeit werden die Flocken dicker und größer, der Tanz wird gemächlicher. Es dauert nicht lange und die Straße liegt unter einer dünnen, weißen Schneedecke. Doreen muss jetzt raus! Auf dem Weg zum Flur ruft sie ganz laut: „Mamaaaaa!"

Mach es wie Doreen und ruf einmal so laut du kannst: „Mama!"

Im Flur schlüpft Doreen in ihre Stiefel und in die Jacke, legt sich den Schal um und zieht sich die Mütze auf den Kopf. „Es schneit!", ruft sie Mama entgegen. „Wir müssen raus!" „Ja, und wie es schneit!", freut sich Mama. „Das müssen wir uns natürlich ansehen." Draußen ist Doreen von der kalten Luft, die ihr ins Gesicht weht, überrascht. Sie atmet einmal tief ein und aus.

Atme auch tief ein und aus.

Aber was ist das? Doreen fällt auf, dass beim Ausatmen ein kleines, weißes Wölkchen aus ihrem Mund kommt. Erstaunt sieht sie ihm nach. Gibt es noch mehr davon? Doreen öffnet den Mund und atmet noch einmal langsam aus. Noch ein Wölkchen! „Mama, schau!", ruft sie, atmet wieder durch den Mund aus und sieht Mama dabei an. „Ja, das ist lustig", lächelt Mama. „Das passiert, wenn dein warmer Atem der kalten Luft ‚guten Tag!' sagt." Doreen kichert. „Ich kann das auch," sagt Mama und haucht ihren warmen Atem in die kalte Luft. Ein kleines, weißes Wölkchen steigt auf und verliert sich dann.

Kannst du hauchen?

Doreen schaut dem Mama-Wölkchen nach. Dann schickt sie ihm noch ein paar Doreen-Wölkchen hinterher. Abwechselnd hauchen Mama und Doreen ihren warmen Atem in die Luft, bis ihnen die Puste ausgeht. Jetzt muss Doreen aber endlich in den Schnee. Ui, ist der rutschig! Mit langen Schritten gleitet sie hindurch. Mama macht es ihr nach und beide rutschen und lachen – so lange, bis Mama ausrutscht und in den Schnee fällt.

Versuch auch mit langen Schritten über den Boden zu gleiten und zu schlittern.

Da sitzt Mama nun – und Doreen kichert. „Na warte!", ruft Mama gespielt böse, macht einen kugelrunden Schneeball und … platsch! Der Schneeball trifft Doreens Jacke. „Eine Schneeballschlacht!", ruft Doreen begeistert, bückt sich, formt einen Schneeball und wirft ihn.

Tu so, als würdest du einen Schneeball formen.

Mama springt auf und wirft den nächsten Schneeball. Doreen duckt sich kichernd und wirft zurück. Es fliegen einige Schneebälle hin und her – bis Doreen merkt, dass ihre Hände sehr kalt sind. „Hauch warme Luft hinein!", rät Mama. Doreen hält beide Hände auf und haucht ihren warmen Atem hinein.

Hauch in deine geöffneten Hände.

„Weißt du was?", sagt Mama, und reibt nun vorsichtig Doreens Hände. „Sollen wir reingehen und uns einen heißen Kakao kochen?" Doreen nickt begeistert. Das ist eine gute Idee! Übermütig schickt sie noch ein paar Atemwölkchen in die kalte Luft.

Gesprächsimpuls und weiterführende Idee

Warum sieht Doreen draußen ihre Atemwölkchen?

Schneespiele mit Zeitungspapier

- Zerreißen Sie gemeinsam mit den Kindern einige Seiten Zeitungspapier zu kleinen Schnipselchen. Hochgeworfen werden sie zu Schneeflocken.
- Liefern Sie sich eine Schneeballschlacht – mit zusammengeknüllten, einzelnen Zeitungsseiten.
- Die Kinder stehen mit je einem Bein auf eine Zeitungsseite und „laufen Schlittschuh".

23 Der müde Esel

Yannik sitzt mit Oma im Gottesdienst. Als alle aufstehen, um zu beten, nimmt er Omas Hand. So fühlt er sich zwischen den vielen Menschen wohler. Wie schön die vielen Stimmen in der Kirche klingen! Die Bänke sind gefüllt mit Eltern und Kindern, Omas und Opas. Und alle murmeln das gleiche Gebet. Yannik lauscht dem Gemurmel.

Sei ganz leise und lausch. Was hörst du?

Danach singen alle ein Lied. Dabei werden sie von der großen Kirchenorgel begleitet. Wie schön sie klingt! Yannik staunt. Nachdem die letzten Töne verklungen sind, ist auch der Gottesdienst zu Ende. Yannik möchte schon zum Ausgang gehen, als Oma leise fragt: „Hast du die Weihnachtskrippe dort vorne schon gesehen?" Yannik schüttelt den Kopf. „Wir warten, bis sich das größte Gedränge davor auflöst, dann schauen wir sie uns an", schlägt sie vor.

Weißt du, was eine Weihnachtskrippe ist?

Yannik wartet gespannt. Schon nach kurzer Zeit stehen nicht mehr so viele Kinder vor der Krippe, also gehen Yannik und Oma nach vorne. Dort wurde, auf einem großen Brett, eine kleine Landschaft aufgebaut. Mittendrin sieht Yannik eine Hütte. Davor stehen mehrere Figuren: ein Mann und eine Frau nahe beieinander und drei Männer weiter weg. Im Hintergrund ist sogar ein Engel mit goldenen Flügeln. Oh, und Tiere sind auch dabei! Schafe, ein Esel und ein Ochse.

Weißt du wie ein Esel macht? Und ein Ochse?

„Das Wichtigste an der Weihnachtskrippe ist das Kleinste", sagt Oma leise und zeigt auf eine Art Futterkiste für Tiere. Darin liegt Stroh und – eine Baby-Figur! Yannik sieht noch einmal genauer hin. Wirklich ein Baby? „Diese Figur stellt Jesus als Baby dar", flüstert Oma. „Er wurde vor langer, langer Zeit geboren. Und viele Menschen, die an ihn glauben, stellen in der Weihnachtszeit diesen Tag seines Lebens mit kleinen Figuren nach. Das nennt man eine Weihnachtskrippe." Yannik gefällt diese

Geschichte, bloß versteht er Oma manchmal ein bisschen schlecht. „Warum flüsterst du noch?“, fragt Yannik laut. „Der Gottesdienst ist schon lange vorbei.“

Kannst du auch etwas im Flüsterton erzählen?

Oma legt einen Finger auf ihre Lippen. „In einer Kirche müssen wir immer leise sein“, antwortet sie. „Ach so!“, jetzt flüstert auch Yannik wieder. „Darf ich jetzt mit der Krippe spielen?“, fragt er. „Oh nein!“, Oma hält zur Sicherheit Yanniks Hand fest. „Mit dieser Krippe darf niemand spielen. Die ist nur zum Ansehen da. Aber ich habe zu Hause noch meine alte Krippe auf dem Speicher. Wenn du willst, gehen wir jetzt nach Hause und suchen sie.“ Das möchte Yannik unbedingt. Omas Krippe steckt in einer alten, kleinen Kiste. „Die habe ich schon viele Jahre nicht mehr aufgebaut. Als Kind habe ich sie geliebt“, meint Oma lächelnd und öffnet den Deckel. Die Figuren sind gut verpackt. Yannik darf sie alle auspacken.

Mach es wie Yannik und tu so, als ob du etwas auspacken würdest.

Oma erklärt Yannik die Figuren: „Das sind Maria und Josef, Jesus’ Eltern. Und diese drei hier sind die Heiligen Drei Könige Caspar, Melchior und Balthasar.“ Oma stellt einen neben den anderen auf. „Ach, und das ist der Verkündungsengel.“ Den stellt Oma neben Jesus’ Krippe. „Mit dieser Krippe darfst du spielen“, sagt Oma. „In der Zwischenzeit werde ich uns eine Kleinigkeit zum Naschen vorbereiten.“
Nach einer Weile kommt Oma mit einem beladenen Tablett zurück. Überrascht sieht sie zur Krippe. „Na, so was!“, sagt sie. „Wieso liegt der Esel in der Krippe?“ „Weil er müde war und Jesus nicht mehr. Der wollte lieber zu Maria“, sagt Yannik. Kichernd schenkt Oma den Kakao ein.

Gesprächsimpuls und weiterführende Idee

Wie nennt man die Futterkiste, in der das Jesus-Baby liegt?

Krippenspiele
Stellen Sie den Kindern in der Vorweihnachtszeit eine Kinderkrippe zum Spielen zur Verfügung. Spielen Sie ihnen auch ab und zu Teile der Weihnachtsgeschichte vor.

24 Der Weihnachtsabend

Julika sitzt schon seit einer Weile in der Küche und sieht Mama beim Zubereiten des großen Weihnachtsessens zu. Julikas Bauch grummelt hungrig. Das ganze Haus duftet nach Mamas Köstlichkeiten. Julika schnuppert ausgiebig.

Kannst du auch schnuppern?

Mama hört das und dreht sich lächelnd um. „Ich bin bald fertig! Hilfst du mir beim Tischdecken?" Au ja, das macht Julika gerne. Mama stellt die Teller auf den Tisch und Julika verteilt sie. Anschließend legt sie neben jeden Teller eine Gabel und einen Löffel. Mama legt die Messer dazu und stellt dann mehrere duftende Schüsseln mitten auf den Tisch. Dingdong! Oh, die Türglocke! „Oma und Opa kommen", ruft Julika und läuft zur Tür.

Wie klingt die Türglocke?

Oma drückt und knuddelt Julika, Opa gibt ihr einen dicken Kuss mitten auf den Kopf. Er kann Julika nicht knuddeln, weil er eine Tasche voller glitzernder Heimlichkeiten trägt. Damit geht er direkt ins Wohnzimmer. Bevor er die Tür schließt, winkt er Julika zu. Julika winkt zurück und saust glücklich in die Küche.

Wink einmal wie Julika.

Julika weiß, was Opa im Wohnzimmer macht: Er legt Geschenke unter den Weihnachtsbaum! Dorthin hat auch Julika ihr Geschenk für Oma und Opa gelegt. Sie hat extra für sie etwas gebastelt. Ausgepackt werden die Geschenke aber erst nach dem Essen. Das ist gar nicht so schlecht, findet Julika. Ihr Hunger ist inzwischen nämlich größer als ihre Neugierde.
Kurze Zeit später sitzen alle um den festlich gedeckten Tisch: Julika, Mama und Papa, Oma und Opa. Sie essen, erzählen und lachen. Und plötzlich hat Julika einen kugelrunden Bauch – sie ist satt. „So, und jetzt zu den Geschenken!", denkt sie. Aber die anderen sind noch lange nicht fertig. Opa holt sich noch eine Portion Nachtisch. Dabei zwinkert er Julika fröhlich zu.

Versuch auch zu zwinkern.

Endlich sind alle fertig! Papa steht auf und geht ins Wohnzimmer. Die Tür schließt er ganz schnell hinter sich. Schade! Julika kann also nicht sehen, was er dort macht. Umso angestrengter lauscht sie. Und dann hört sie es: das Glöckchenläuten! „Wir dürfen reingehen!", ruft Julika aufgeregt, springt auf und reißt kurz danach die Wohnzimmertür auf. „Oooh!" Staunend bleibt Julika im Türrahmen stehen.

Kannst du das sagen? – oooh!

Im Wohnzimmer ist es dunkel. Nur der Weihnachtsbaum leuchtet und strahlt. Als würden lauter kleine Sterne darin glitzern und funkeln. So hat Julika den Weihnachtsbaum bislang noch nie gesehen! Die roten und goldenen Kugeln glänzen geheimnisvoll und die kleinen Engel und Nikoläuse bewegen sich sachte hin und her. Julika wird es ganz warm im Bauch. Andächtig geht sie einmal um den Baum herum.

Geh auch du einmal im Kreis.

Von der Lichterkette beschienen, blinken die bunt verpackten Geschenke durch die Zweige. Julika kniet davor, um sie anzusehen.

In diesem Moment geht das Deckenlicht an und Mama hockt sich neben Julika. „So, und jetzt darfst du endlich deine Geschenke auspacken!", meint sie schmunzelnd.

Julika strahlt und nimmt ein Päckchen aus Mamas Hand. Voller Vorfreude zieht sie an der roten Schleife.

Gesprächsimpuls und weiterführende Idee

Womit ist Julikas Weihnachtsbaum geschmückt?

Sucht das Glöckchen!
Verstecken Sie sich im Gruppenraum und läuten Sie leise mit einem Glöckchen. Die Kinder müssen dem Klang nachgehen, um Sie zu finden.

Anhang

1 Lara und Mama schmücken den Kranz

2 Emil hilft beim Schneeschieben

3 Mila backt eine Weihnachtsschnecke

4 Ein Adventsstern für Daniel

5 Eine Überraschung für Nele

6 Philip spielt Nikolaus

7 Auf dem Weihnachtsmarkt

8 Wo ist Kater Maunz?

9 Klara bastelt Geschenkpapier

10 Futter für die Meise

11 Ein Glöckchen für Karina

12 Jonas lernt pusten

13 Sven ist ein Finder

14 Elena singt

15 Der selbst gebastelte Weihnachtsschmuck

16 Mayas Katze besucht die Kinderkrippe

17 Die Schlittenfahrt und der heiße Kakao

18 Serap möchte Sterne basteln

19 Das Weihnachtspaket

20 Heute ist Ina an der Reihe

21 Die Wunschzettel

22 Doreens Atemwölkchen

23 Der müde Esel

24 Der Weihnachtsabend